달마어록

달마어록

김태완 역주

침묵의 향기

보리달마에 대하여

보리달마(菩提達摩, 菩提達磨, Bodhidharma)

1. 생애

생몰연대는 (?-495), (?-536), (346-495), (?-528) 등 여러 설이 있다. 서천(西天) 조사의 계보에서 28조이면서, 중국 선종에서는 제1대인 초조(初祖)이다. 남북조(南北朝) 시대에 중국으로 와서 조사선(祖師禪)을 전했다고 한다.

남인도 향지국왕의 셋째 아들로서, 본명은 보리다라였으나 뒤에 보리달마로 고쳤다.

처음 반야다라(般若多羅)에게 도를 배우며 40년 동안 섬기다가, 반야다라가 죽은 뒤에 본국에서 크게 교화하여 당시 성행하던 소승선관(小乘禪觀)의 6종(宗)을 굴복시켜 이름이 인도에 퍼졌다. 뒤에 그의 조카 이견왕(異見王)을 교화하였다.

배를 타고 중국으로 향하여 520년(양나라 보통 1년) 9월에 광주(廣州) 남해군(南海郡)에 이르렀다.

10월에 광주 자사 소앙의 소개로 금릉(金陵)에 가서 궁중에서 양(梁)의 무제(武帝)와 문답하였으나 뜻이 통하지 못했다.

뒤에 낙양(洛陽)으로 가서 숭산(崇山)의 소림사(少林寺)에 있으면서 매일 벽을 향하여 좌선(坐禪)만 하였다. 그래서 세상이 벽관바라문(壁觀婆羅門)이라 부른다.

이락(伊洛)에 있던 신광(神光)이 달마의 명성을 사모하여 찾아와 밤새도록 눈을 맞고 밖에 서 있다가 팔을 끊어 구도(求道)의 정성을 표하니 드디어 곁에서 시봉하도록 허락하고, 혜가(慧可)라는 이름을 지어 주었다.

효명제가 달마의 이적(異蹟)을 듣고 크게 경앙(敬仰)하여 마랍의 가사(摩衲衣袈裟) 2벌, 금발(金鉢), 은병(銀瓶), 비단 등을 보냈다.

소림사에서 9년 동안 있다가 혜가에게 조사선(祖師禪)의 깊고 비밀한 종지와 가사(袈裟)와 불발(佛鉢) 및 『능가경(楞伽經)』을 전하고, 우문(禹門)의 천성사로 갔다가 영안(永安) 1년(528년) 10월 5일에 죽었다. 『전등록』에서는 후위(後魏) 병진(丙辰)년(536년)에 입적했다고 하였다.

당나라 대종(代宗)이 원각대사(圓覺大師)라고 시호(諡號)하였고, 탑(塔)은 공관(空觀)이라 하였다.

2. 선종에서의 위치와 어록

조사선(祖師禪)의 시작은 석가모니가 영산회상에서 마하가섭에게 염화미소(拈花微笑)로써 정법안장(正法眼藏)·열반묘심(涅槃妙心)·실상무상(實相無相)·미묘정법(微妙正法)을 전함으로써 시작

되었다. 그리하여 제1대 조사인 마하가섭 이후로 인도에서 28대를 전하여 보리달마에 이르렀다. 보리달마는 인도에서 조사의 선법을 이어받은 제28대 조사로서, 중국에 조사선(祖師禪)을 전하여 선의 가풍을 일으킨 중국 선종(禪宗) 제1대 조사로서 인정되고 있다. 중국에서 그의 법은 차례로 전하여 내려가 제6대 육조혜능(六祖慧能)에 의하여 다시 기틀을 분명하게 다졌다. 육조의 문하에서 기라성 같은 선승들이 수없이 출현하여 중국의 선종을 크게 융성하여, 오늘날에 이르기까지 이어져 내려오고 있다.

 달마의 가르침이라고 전하는 어록들은 여기에 소개한 것들 이외에도 여러 가지가 있다. 학자들의 연구에 의하면 이들 문헌들 가운데 달마의 가르침이 확실하다고 인정되는 것은 『이입사행론(二入四行論)』 하나뿐이라고 한다. 인도와 중국의 33조사(祖師)에 의하여 전하여진 조사선(祖師禪)이 확고히 정립되는 것은 육조혜능(六祖慧能)과 그 문하에 의한 것이므로, 달마의 이름으로 전해지는 어록으로서 조사선의 선지(禪旨)를 표명하고 있는 것은 아마도 육조혜능의 문하(門下)에서 만들어진 것일 것이다. 이 책에서는 달마의 어록들 가운데 조사선의 선지를 잘 표현하고 있다고 여겨지는 것들을 골라서 번역하여 수록하였다.

수록 자료에 대하여

1. 무심론(無心論)

『무심론(無心論)』1권은 돈황(敦煌)에서 출토된 사본(寫本)으로서 대영박물관 소장의 Stein 5619호 문서이며, 『대정신수대장경』 제85권에 수록되어 있다. 표제 아래에 '석보리달마가 짓다(釋菩提達摩製)'라는 여섯 글자가 있다. 모두 11개의 문답을 통하여 무심(無心)을 말하고 있다. 어떤 이는 마지막에 도교(道敎)에서 사용하는 태상(太上)이라는 용어가 있음을 근거로 달마(達摩)의 작품이 아니라 중국인이 쓴 위작(僞作)이라고 주장하기도 하고, 『절관론(絶觀論)』을 우두법융(牛頭法融)의 저작이라고 주장하는 이는 내용과 형식이 『절관론(絶觀論)』과 유사함을 근거로 『무심론』도 우두법융의 작품이 아닌가 하고 주장하기도 한다.

2. 혈맥론(血脈論)

『달마혈맥론』의 판본으로는 『대정신수대장경(大正新修大藏經)』 85권에 수록된 소실육문(少室六門)의 「제육문혈맥론(第六門血脈

論)」,『만신찬속장경(卍新纂續藏經)』의 63책에 수록된「달마대사혈맥론(達磨大師血脈論)」, 경허 스님이 편집한『선문촬요(禪門撮要)』의「혈맥론(血脈論)」등 세 가지가 있다. 여기에서는 선문촬요본 혈맥론을 저본으로 하고, 문맥이 어색한 곳은 소실육문본과 속장경본을 참고로 교정하였다.『육조법보단경』과 유사한 구절과 동일한 취지의 문장이 많이 나타나는 것이 특징이다.

3. 오성론(悟性論)

『오성론(悟性論)』은 두 가지 판본이 있다. 하나는『만신찬속장경(卍新纂續藏經)』제63책에 실린『달마대사오성론(達磨大師悟性論)』이고, 다른 하나는『대정신수대장경(大正新修大藏經)』제48권『소실육문(少室六門)』에 실린「제오문오성론(第五門悟性論)」이다. 여기에서는『신수장』의『소실육문』에 실린「제오문오성론」을 텍스트로 하여 번역하였고,『만속장』의『달마대사오성론』을 비교대조하여 필요하면 번역을 수정하였다.

4. 절관론(絶觀論)

1권. 달마화상절관론(達摩和尙絶觀論), 보살심경상융일합론(菩薩心境相融一合論), 입리연문(入理緣門) 등 여러 이름으로 부른다. 스승과 제자의 문답 형식을 통하여 선(禪)이 무엇인가를 말하고 있다. 즉심무심(卽心無心)의 입장을 드러내고, 활연대오(豁然大悟)의 돈오(頓悟)를 말하고 있다.

5. 안심법문(安心法門)

1권. 『소실육문(少室六門)』 2, 『종경록(宗鏡錄)』 97, 『주심부(註心賦)』 2에 달마대사안심법문(達摩大師安心法門)이라고 인용되어 있다. 『연등회요(聯燈會要)』 제30권에도 실려 있고, 원말(元末) 묘협(妙叶)이 편찬한 『돈오요문(頓悟要門)』에도 실려 있다.

차례

보리달마에 대하여 ...5

수록 자료에 대하여 ...8

1. 무심론 ...13

2. 혈맥론 ...37

3. 오성론 ...85

4. 절관론 ...137

　• 입리연문 1권 ...139

　• 연문론 1권 ...207

5. 안심법문 ...227

무심론
無 心 論

무심론 1권

1.

무릇 지극한 이치에는 말이 없으나, 말을 빌려서 이치를 드러내야 한다. 대도(大道)는 모습이 없으나, 엉성한 경험을 통하여 그 모습을 드러낸다. 이제 가짜로 두 사람을 만들어 무심(無心)을 함께 말하도록 하겠다.

2.

제자가 화상(和尙)에게 묻는다.
"마음이 있습니까? 마음이 없습니까?"
답한다.
"마음은 없다."

3.

묻는다.

"마음이 없다고 하신다면, 누가 보고·듣고·느끼고·알 수 있으며, 누가 마음이 없음을 압니까?"

답한다.

"도리어 마음 없음이 보고·듣고·느끼고·알며, 도리어 마음 없음이 마음 없음을 알 수 있다."

4.

묻는다.

"이미 마음이 없다면 보고·듣고·느끼고·아는 일이 없어야 하는데, 어떻게 보고·듣고·느끼고·알 수 있습니까?"

답한다.

"나에게 마음은 없으나, 볼 수 있고, 들을 수 있고, 느낄 수 있고, 알 수 있다."

5.

묻는다.

"이미 볼 수 있고, 들을 수 있고, 느낄 수 있고, 알 수 있다면, 마음이 있는 것인데, 어찌하여 없다고 말씀하십니까?"

답한다.

"다만[1] 보고·듣고·느끼고·아는 것이 곧 마음 없음이다. 보고·듣고·느끼고·아는 것을 떠나 어디에 다시 마음 없음이 있겠느냐?

내가 이제 네가 이해하지 못할까 염려되어 하나하나 풀어서 말하여 네가 참된 이치를 깨닫도록 하겠다.

이를테면, 보는 일의 경우에는 하루 내내 보고 있어도 여전히[2] 본다는 일은 없으니 본다는 것에도 마음은 없고, 듣는 일의 경우에는 하루 내내 듣고 있어도 여전히 듣는 일은 없으니 듣는 일에도 마음은 없고, 느끼는 일의 경우에는 하루 내내 느끼고 있어도 여전히 느끼는 일은 없으니 느끼는 일에도 마음은 없고, 아는 일의 경우에는 하루 내내 알고 있어도 여전히 아는 일은 없으니 아는 일에도 마음은 없고, 하루 내내 행동하여도 행동함에 행동이 없으니 행동함에도 마음은 없다.

그렇기 때문에 보고·듣고·느끼고·앎에 모두 마음이 없다고 한다."

6.
묻는다.
"어떻게 해야[3] 마음 없음을 알 수 있습니까?"
답한다.
"너는 다만 자세히 찾아[4]보아라.

---

1) 지시(只是) : 다만, 오직, 오로지.
2) 유(由) : 여전히, 아직까지. 유(猶)와 통용함.
3) 약위(若爲) : 어떻게, 어떠한가? 어찌 –할 수 있으랴? 어떻게 해야–?

마음에 무슨 모습이 있느냐?

그 마음을 다시 얻을 수 있겠느냐?

마음이냐, 마음이 아니냐?

안에 있느냐? 밖에 있느냐? 중간에 있느냐?

이와 같이 세 곳에서 마음을 찾아보아도 마침내 얻을 수 없다. 나아가 모든 곳에서 찾아보아도 역시 찾을 수 없다.

그러므로 분명 마음은 없음을 마땅히 알아야 한다."

7.

묻는다.

"스님께서 이미 모든 곳에 전혀 마음이 없다고 말씀하셨으니 그렇다면 죄(罪)도 복(福)도 없어야 할 것입니다만, 무슨 까닭에 중생들은 육취(六聚)[5]에 윤회(輪廻)하면서 삶과 죽음이 끊어지지 않습니까?"

답한다.

"중생은 허망하게 헤매면서 마음 없는 가운데 헛되이 마음을 만들어 내고, 여러 가지 업(業)을 지으며 헛되이 집착하여 있다고 여긴다. 그 까닭에[6] 육취(六趣)에 윤회하며 삶과 죽음이 끊임없이 이

---

4) 추구(推求) : ①찾다. 탐색하다. ②추구(推究)하다.
5) 육취(六聚) : 육도(六道), 육취(六趣)와 같음. 중생이 삶과 죽음을 반복하여 윤회하는 여섯 가지 길.
6) 치사(致使) : -한 탓으로 -하게 되다.(부정적 결과)

어질 수 있는[7] 것이다.

  비유하면, 사람이 어둠 속에서 나무 등걸을 보고는 귀신으로 여기고 새끼줄을 보고는 뱀으로 여겨서 곧 두려움이 일어나는 것과 같다.

  중생의 허망한 집착 역시 이와 같아서, 마음 없는 속에서 마음이 있다고 허망하게 집착하여 여러 가지 업을 지으니 실제로 육취에 윤회하지 않을 수 없는 것이다.

  이와 같은 중생이 만약 대선지식(大善知識)의 가르침[8]을 만나 좌선(坐禪)하여 마음 없음을 깨달으면, 모든 업장(業障)이 전부 남김없이 소멸하고 삶과 죽음의 윤회가 곧장 끊어진다.

  비유하면, 어둠 속에 햇빛이 한 번 비추면 어둠이 모두 남김없이 사라지는 것과 같다.

  만약 마음 없음을 깨달으면, 모든 죄악이 소멸하는 것 역시 이와 같다."

8.

묻는다.

"제자는 어리석어서 마음이 여전히 밝지[9] 못하고, 모든 곳에서

---

7) 족가(足可) : 충분히 −할(될) 수 있다. =족가이(足可以).
8) 교령(教令) : ①교령(教令). ②교화(教化).
9) 요심(了審) : 밝게 알다. 환히 밝히다.

육근(六根)이 작용하여 반응하며 여러 가지로 행위합니다. 번뇌(煩惱)와 보리(菩提)[10], 생사(生死)와 열반(涅槃)[11]에서 확실히 마음이 없습니까?"

답한다.

"결단코 마음이 없다.

다만 중생이 마음이 있다고 헛되이 집착하기 때문에, 모든 번뇌·생사·보리·열반이 있는 것이다.

만약 마음이 없음을 깨닫는다면, 모든 모든 번뇌·생사·보리·열반은 없다.

이 까닭에 여래(如來)께선 마음이 있는 자 때문에 생사가 있다고 말씀하신 것이다.

보리는 번뇌에 상대하여 붙인 이름이고, 열반은 생사에 상대하여 붙인 이름이니, 이것들은 모두 대치(對治)[12]하는 법(法)이다.

---

10) 번뇌와 보리 : 어리석은 미혹 속에서 헤매는 것이 번뇌요, 깨달아 어리석음이 없는 것이 보리다. 보리(菩提)는 깨달음이라는 뜻.
11) 생사와 열반 : 어리석음 속에서 망상에 속아 업을 지어 삶과 죽음을 윤회하고, 깨달으면 업과 생사의 윤회가 적멸하니 열반이라 한다. 열반은 적멸(寂滅)이라는 뜻.
12) 대치(對治) : 깨달음의 지혜를 가지고 번뇌의 어리석음을 다스리다. 어리석음을 깨뜨려 끊다. 이것은 상대되는 두 개념을 세우고 그 두 개념이 서로 의지하여 성립하므로 실상은 둘이 아니라는 것을 보임으로써 분별하는 마음이 소멸되도록 하는 것이다. 『육조법보단경(六祖法寶壇經)』의 「법문대시(法門對示) 제9」에 이러한 내용을 자세히 말하고 있다. "내 이제 너희들이 법을 말함에 근본을 잃지 않도록 해 주겠다. 먼저 삼과법문(三科法門)을 들어서, 움직이고 작용함에는 36가지

만약 얻을 수 있는 마음이 없다면, 번뇌도 보리도 얻을 수 없고, 생사도 열반도 얻을 수 없다."

9.
묻는다.
"보리와 열반을 얻을 수 없다면, 과거의 모든 부처님들이 전부 보리를 얻었는데, 이렇게 말할 수 있습니까?"
답한다.
"다만 세제(世諦)[13]의 문자(文字)로써 말하는 것일 뿐, 진제(眞諦)[14]에서는 진실로 얻을 것이 없다.

로 상대(相對)시키고, 나고 듦에는 양변(兩邊)을 떠나며, 모든 법(法)을 말하되 자성(自性)을 떠나지 말아야 한다. 만약 누가 너희에게 법(法)을 묻거든, 말을 함에 모두 쌍(雙)으로 하고 대법(對法)을 취하여 오고 감이 서로 인(因)이 되게 하다가, 마지막에는 두 법(法)을 모두 없앰으로써 달리 갈 곳이 없게 하여야 한다."(吾今敎汝說法, 不失本宗. 先須擧三科法門, 動用三十六對, 出沒卽離兩邊, 說一切法, 莫離自性. 忽有人問汝法, 出語盡雙, 皆取對法, 來去相因, 究境二法盡除, 更無去處.) 이러한 방편은 나가르주나의 『중론(中論)』의 방편과 동일한 방식이라고 할 수 있다.

13) 세제(世諦) : 속제(俗諦)라고도 함. 세(世)는 세속이란 뜻이고, 제(諦)는 진실한 도리란 뜻. 세속 사람들이 아는 도리, 곧 세간 일반에서 인정하는 진리. 반대는 진제(眞諦) 혹은 승의제(勝義諦)라고 한다.

14) 진제(眞諦) : 2제의 하나. 제일의제(第一義諦)·성제(聖諦)·승의제(勝義諦)라고도 한다. 열반·진여·실상(實相)·중도(中道)·법계(法界)·진공(眞空) 등 깊고 묘한 진리를 말한다. 이 진리는 모든 법 가운데 제일이라는 뜻에서 제일의제(第一義諦)라고 한다.

그러므로 『유마힐소설경(維摩詰所說經)』에서 말했다. '보리는 몸으로 얻을 수도 없고, 마음으로 얻을 수도 없다.'15)

또 『금강경(金剛經)』에서 말했다. '얻을 수 있는 조그마한 법도 없다.'16)

모든 불여래(佛如來)는 다만 얻을 수 없는 것을 얻었다.

마음이 있으면 모든 것이 있고, 마음이 없으면 아무것도 없음을 알아야 한다."

10.

묻는다.

"스님께선 어디에도 전혀 마음이 없다고 말씀하셨습니다. 나무나 돌에도 마음이 없습니다. 마음이 없다면 어찌 나무나 돌과 같지 않겠습니까?"

답한다.

"나의 마음 없는 이 마음은 나무나 돌과 같지 않다.

무슨 까닭인가?

비유하면 마치 천고(天鼓)17)와 같아서, 비록 마음은 없으나 저절로 여러 가지 묘한 법을 내어 중생들을 교화(敎化)한다.

---

15) 『유마힐소설경(維摩詰所說經)』「보살품(菩薩品) 제4」에 나오는 구절.
16) 구마라집(鳩摩羅什) 역 『금강반야바라밀경(金剛般若波羅蜜經)』「제22 무법가득분(無法可得分)」에 나오는 구절.

또 여의주(如意珠)[18]와 같아서, 비록 마음은 없으나 저절로 여러 가지 변화된 모습을 잘 드러낸다.

나에게 마음 없는 것 역시 이와 같아서, 비록 마음은 없으나 모든 법의 실상(實相)을 잘 깨닫고 참된 반야(般若)를 갖추어 삼신(三身)[19]이 자재하게 반응하고 작용함에 거리낌이 없다.

그러므로 『불설유마힐경(佛說維摩詰經)』에서 '마음 없는 의식(意識)이 드러나 움직인다.'[20]고 하였는데, 어찌 나무나 돌과 같겠느냐?

---

17) 천고(天鼓) : 도리천(忉利天)의 선법당(善法堂)에 있는 큰 북. 치지 않아도 저절로 묘하고 깊은 소리를 낸다고 한다.(天鼓自鳴妙聲深遠)『묘법연화경(妙法蓮華經)』「분별공덕품(分別功德品) 제17」

18) 여의주(如意珠) : cintāmaṇi. 또는 여의보주(如意寶珠). 이 구슬은 뜻대로 여러 가지 욕구하는 것을 드러내므로 여의주라 함. 여의륜관음은 두 손에 이 보주를 가졌고 사갈라 용왕(娑竭羅龍王)의 궁전에도 있다고 함. 밀교에서는 이것을 그 종(宗)의 극비밀로 여겨 대비복덕원만(大悲福德圓滿)의 표시로 함. 마니주(摩尼珠)와 같음.

19) 삼신(三身) : 불신(佛身)을 그 성질상으로 보아 셋으로 나눈 것. 법신(法身)·보신(報身)·응신(應身). ①법신. 법은 영겁토록 변치 않는 삼라만상의 본체, 신은 모여 있다는 뜻. 본체에 인격적 의미를 붙여 법신이라 하니, 빛깔도 형상도 없는 이치인 부처. ②보신. 인(因)에 따라서 나타난 불신. 아미타불과 같음. 곧 보살위(菩薩位)의 곤란한 수행을 견디고 정진 노력한 결과로 얻은 영구성이 있는 유형(有形)의 불신. ③응신. 보신불을 보지 못하는 이를 제도하기 위하여 나타나는 불신. 역사적 존재를 인정하는 석가모니와 같음. 응신을 화신(化身)이라고도 함.

20) 이 구절은 『보적경』의 구절이 아니라, 지겸(支謙) 역 『불설유마힐경(佛說維摩詰經)』 상권(上卷) 「불국품(佛國品) 제1」의 게송에 나오는 구절이다.

무릇 마음 없는 것이 곧 참 마음이고, 참 마음이 곧 마음 없음이다."

11.

묻는다.

"이제 마음 속에서 어떤 수행(修行)을 할까요?"

답한다.

"다만 모든 일 위에서 마음 없음을 깨달으면, 이것이 곧 수행이고 다시 다른 수행은 없다.

그러므로 마음 없음이 곧 모든 것이고, 적멸(寂滅)이 곧 마음 없음임을 알아라."

12.

제자는 여기에서 문득 크게 깨닫고는 비로소 마음 밖에 사물이 없고 사물 밖에 마음이 없음을 알았고, 행동거지에서 모두 자재함을 얻었고, 모든 의심을 끊고서 다시는 막힘이 없었다. 이에 곧 일어나 절을 하고는 마음 없음을 깊이 새기고서 게송을 지었다.

"마음이 신령스러이 고요한 곳에 이르면
색깔도 없고 모습도 없다.

보아도 보이지 않고

들어도 소리가 없다.

어두운 것 같으면서도 어둡지 않고
밝은 것 같으면서도 밝지 않다.

버려도 사라지지 않고
취해도 생겨남이 없다.

크다면 법계를 둘러싸고
작다면 털끝도 용납하지 않는다.

번뇌가 더럽혀도 혼탁하지 않고
열반이 맑게 하여도 깨끗하지 않다.

진여(眞如)에는 본래 분별이 없으나
유정(有情)과 무정(無情)을 잘 분별한다.

거두어들이면 아무것도 성립되지 않고
흩어 버리면 모든 중생들에게 두루하다.

묘하고 신령스러워 알음알이로 헤아릴 수 없고
바르게 찾는 일은 수행(修行)과 관계없다.

사라지더라도 그 부서짐을 볼 수 없고
생겨나더라도 그 이루어짐을 볼 수 없다.

대도(大道)가 고요함이여[21], 모습이 없고
만상(萬像)이 그윽함이여, 이름이 없도다.

이렇게 운용(運用)이 자재한 것은
모두 마음 없음의 뛰어남[22]이로다."

13.

스님이 다시 말했다.

"모든 반야 가운데 마음 없는 반야를 최상으로 여긴다.

그러므로 『유마힐소설경(維摩詰所說經)』에서 말했다. '마음 없는 뜻으로써 받음 없이 행하여, 외도(外道)를 모두 굴복시킨다.'[23]

---

21) 호(號)는 호(呼)와 같은 뜻으로서 부르짖는 모습을 나타낸다.
22) 정(精) : 훌륭하다. 우수하다. 뛰어나다. 뛰어남.
23) '以無心意無受行, 而悉摧伏外道.'는 구마라집(鳩摩羅什) 역 『유마힐소설경(維摩詰所說經)』「불국품(佛國品) 제1」에는 '이미 마음 없는 뜻으로 받음 없이 행하여, 모든 외도를 전부 항복시켰다.'(已無心意無受行, 而悉摧伏諸外道.)라고 나오고, 지겸(支謙) 역 『불설유마힐경(佛說維摩詰經)』 상권(上卷) 「불국품(佛國品) 제1」에서는 '마음 없는 뜻을 드러내어 행하니, 모든 외도들이 그 이름에 굴복하였다.'(以無心意而現行, 一切異學伏其名.)라고 되어 있고, 현장(玄奘) 역 『설무구칭경(說無垢稱經)』 제1권 「서품(序品) 제1」에서는 '이 속에서 마음의 뜻으로 받아 행함이 아니니, 외

또 『법고경(法鼓經)』에서 말했다. '만약 얻을 마음이 없음을 안다면, 법도 얻을 수 없고, 죄와 복도 얻을 수 없고, 생사와 열반도 얻을 수 없고, 나아가 얻을 수 있는 어떤 것도 전혀 없고, 얻을 수 없음도 얻을 수 없다.'[24]"

이어서 게송(偈頌)으로 말했다.

"이전에 헤맬 때는 마음이 있다고 여겼었는데
지금 깨닫고 나니 마음이 없음을 알겠다.
비록 마음은 없으나 비추고 작용할[25] 줄 알고
비추고 작용함이 늘 고요한 것이 곧 여여(如如)로다."

거듭 말했다.

"마음도 없고 비춤도 없고 작용도 없고
비춤도 없고 작용도 없으면 무위(無爲)로다.
이것이 여래(如來)의 참된 법계(法界)이니

　도의 무리와 삿된 이들이 헤아리지 못한다.'(此中非心意受行, 外道群邪所不測.)'라고 되어 있다.
24) 『대정신수대장경』 제9권에 있는 『대법고경(大法鼓經)』에는 이런 구절이 전혀 없다.
25) 조용(照用) : 비춤은 생각으로 헤아리고 인식하는 것이고, 작용은 몸으로 행동하는 것이다. 조는 마음의 움직임이고, 용은 몸의 움직임이다.

보살이나 벽지불[26]과는 같지 않도다.

마음이 없다고 하는 것은 곧 망상(妄想)하는 마음이 없다는 것이다.[27]"

14.
묻는다.
" 무엇을 일러 태상(太上)이라 합니까?"
답한다.
"태(太)는 대(大)이고, 상(上)은 고(高)이다.
지극히 높고 묘한 이치이기 때문에 태상(太上)이라 한다.
또 태(太)는 너그럽고 후련한[28] 지위이다.
삼계(三界)의 하늘[29]이 비록 건강하게 오래 살면서 길이 복을

---

26) 보살과 벽지불 : 보살은 대승(大乘)에 귀의하여 성불(成佛)하기 위하여 수행에 힘쓰는 이를 가리키고, 벽지불(僻支佛)은 곧 연각(緣覺)·독각(獨覺)으로서 꽃이 피고 잎이 지는 등의 외연(外緣) 혹은 십이인연법(十二因緣法)에 의하여 스승 없이 혼자 깨닫는 소승(小乘)의 사람.

27) 망상(妄相)은 곧 망상(妄想)으로서 분별하여 집착하는 허망한 일을 말한다. 이 문장은 마치 주석처럼 달려 있는데, 없어도 좋은 문장이다. 이하의 태상(太上)에 관해서는 그 내용은 불교의 교리를 말하나 용어는 중국 도교의 용어로서 중국 스님이 뒤에 부가한 것으로 판단된다.

28) 통태(通泰) : ①활달하고 너그러움. ②상쾌하고 후련함.

29) 삼계의 하늘 : 삼계(三界)는 아직 해탈하지 못한 중생(衆生)의 정신세계를 셋으로 분류한 것. 욕계(欲界)·색계(色界)·무색계(無色界). 이 가운데 땅 위에 거주하는

누리지만, 이 까닭에 마침내 육취(六趣)에 윤회(輪廻)하기에 아직 태(太)는 아니다.

십주보살(十住菩薩)[30]이 비록 삶과 죽음에서 벗어났지만, 묘한 이치를 아직 다하지 못했기 때문에 역시 태(太)가 아니다.

십주(十住)에서 마음을 닦아, 있음을 잊고 없음에 들어가 다시 그 없음과 있음마저 없어도, 있음과 없음의 쌍(雙)을 제거하는[31] 중도(中道)를 잊지 못하니 아직 태(太)가 아니다.

다시 중도를 잊고, 없음·있음·중도 세 곳[32]이 모두 사라지는 지위는 모두 묘각(妙覺)인데, 묘각보살(妙覺菩薩)이 비록 세 곳을 물리치더라도 아직 그 묘함이 없을 수 없으니 역시 태(太)는 아니다.

그 묘함을 잊으면 불도(佛道)이고, 지극하면 나머지가 없고, 남겨둔 생각이 없으면 생각으로 헤아림도 없고, 더불어 허망한 심지(心智)도 영원히 사라지고 깨달음의 빛도 모두 사라져서 고요하고

　인간세계 이외에는 삼계가 모두 허공에 있는 하늘세계이기 때문에 삼계의 하늘이라 한다. 인간을 제외하고 삼계의 하늘에서 윤회하는 중생들.

30) 십주보살(十住菩薩) : 보살이 수행하는 계위인 52위 중에 제 11위에서 제20위까지에 해당하는 보살. 10신위(信位)를 지나서 마음이 진제(眞諦)의 이치에 안주하는 위치에 이르렀다는 뜻에서 주(住)라고 한다.

31) 쌍견(雙遣) : 한 짝을 이루는 둘 모두를 동시에 없애다. 유무쌍견(有無雙遣)의 경우, 유는 무에 의하여 유가 되고 무는 유에 의하여 무가 되니, 유와 무는 동시에 성립하거나 동시에 소멸한다. 이것은 위의 대치법(對治法)과 같이 연기법(緣起法)과 중도(中道)를 밝힌 것이다.

32) 삼처(三處) : 없음·있음·중도의 세 곳. 천태(天台)의 공(空)·가(假)·중(中) 삼관(三觀)을 상기시킨다.

할 일이 없으면, 이를 일러 태(太)라 한다.

　태(太)는 이치의 지극함이고 상(上)은 견줄 바 없음이니, 이 까닭에 태상(太上)이 곧 불여래(佛如來)의 별명(別名)이라고 하는 것이다."

無心論一卷

1.

夫至理無言, 要假言而顯理. 大道無相, 爲接麤而見形. 今且假立二人, 共談無心之論矣.

2.

弟子問和尙曰:"有心? 無心?"
答曰:"無心."

3.

問曰:"旣云無心, 誰能見聞覺知? 誰知無心?"
答曰:"還是無心旣見聞覺知, 還是無心能知無心."

4.

問曰:"旣若無心, 卽合無有見聞覺知, 云何得有見聞覺知?"

答曰："我雖無心，能見能聞能覺能知。"

5.

問曰："旣能見聞覺知，卽是有心，那得稱無？"

答曰："只是見聞覺知，卽是無心。何處，更離見聞覺知，別有無心？我今恐汝不解，一一爲汝解說，令汝得悟眞理。假如見終日見由爲無見，見亦無心，聞終日聞由爲無聞，聞亦無心，覺終日覺由爲無覺，覺亦無心，知終日知由爲無知，知亦無心，終日造作，作亦無作，作亦無心。故云見聞覺知總是無心。"

6.

問曰："若爲能得知是無心？"

答曰："汝但子細推求看。心作何相貌？其心復可得？是心不是心？爲復在內？爲復在外？爲復在中間？如是三處推求覓心了不可得。乃至於一切處求覓亦不可得。當知卽是無心。"

7.

問曰："和尙旣云一切處總是無心，卽合無有罪福，何故衆生，輪迴六聚，生死不斷？"

答曰："衆生迷妄，於無心中，而妄生心，造種種業，妄執爲有。足可致使，輪迴六趣，生死不斷。譬有人於暗中，見杌爲鬼，見繩爲蛇，便生恐怖。衆生妄執，亦復如是，於無心中，妄執有心，造種種業，而實無不輪迴六趣。如是衆生，若遇大善知識教令，坐禪覺悟無心，一切業障，盡皆銷滅，生死卽斷. 譬如暗中, 日光一照, 而暗皆盡. 若悟無心, 一切罪滅, 亦復如是."

8.

問曰:"弟子愚昧, 心猶未了審, 一切處六根所用者應, (答曰語)³³⁾種種施爲. 煩惱菩提生死涅槃定無心否?"

答曰:"定是無心. 只爲衆生妄執有心, 卽有一切煩惱生死菩提涅槃. 若覺無心, 卽無一切煩惱生死涅槃. 是故如來, 爲有心者, 說有生死. 菩提對煩惱得名, 涅槃者對生死得名, 此皆對治之法. 若無心可得, 卽煩惱菩提亦不可得, 乃至生死涅槃亦不可得."

9.

問曰:"菩提涅槃旣不可得, 過去諸佛皆得菩提, 此謂可乎?"

答曰:"但以世諦文字之言得, 於眞諦實無可得. 故『維摩經』云:'菩提者, 不可以身得, 不可以心得.' 又『金剛經』云:'無有少法可得.' 諸佛如來, 但以不可得而得. 當知有心卽一切有, 無心一切無."

10.

問曰:"和尙旣云:'於一切處盡皆無心.' 木石亦無心. 豈不同於木石乎?"

答曰:"而我無心心, 不同木石. 何以故? 譬如天鼓, 雖復無心, 自然出種種妙法, 敎化衆生. 又如意珠, 雖復無心, 自然能作種種變現. 而我無

---

33) 원문에는 '答曰語' 세 글자가 들어 있으나, 이 세 글자가 없어야 문맥이 통한다.

心, 亦復如是, 雖復無心, 善能覺了諸法實相, 具眞般若, 三身自在應用無妨. 故『佛說維摩詰經』[34])云:'以無心意而現行.'豈同木石乎? 夫無心者卽眞心也, 眞心者卽無心也."

11.

問曰:"今於心中作若爲修行?"

答曰:"但於一切事上, 覺了無心, 卽是修行, 更不別有修行. 故知無心卽一切, 寂滅卽無心也."

12.

弟子於是忽然大悟, 始知心外無物物外無心, 擧止動用皆得自在, 斷諸疑網更無罣礙. 卽起作禮, 而銘無心, 乃爲頌曰:

"心神向寂, 無色無形.

睹之不見, 聽之無聲.

似暗非暗, 如明不明.

捨之不滅, 取之無生.

大卽廓周法界, 小卽毛端[35])不停.

煩惱混之不[36])濁, 涅槃澄之不淸.

---

34) '寶積經'은 '佛說維摩詰經'의 오기(誤記).
35) 원문에는 '端'이 '竭'로 오기(誤記)되어 있다.

眞如本無分別, 能辯有情無情.
收之一切不立, 散之普遍含靈.
妙神非知所測, 正覓絶於修行.
滅則不見其壞,37) 生則不見其成.
大道寂號無相, 萬像窈號無名.
如斯運用自在, 總是無心之精."

13.

和尙又告曰:"諸般若中, 以無心般若而爲最上. 故『維摩經』云:'以無心意無受行, 而悉摧伏外道.' 又『法鼓經』:'若知無心可得, 法卽不可得, 罪福亦不可得, 生死涅槃亦不可得, 乃至一切盡不可得, 不可得亦不可得.'" 乃爲頌曰:

"昔日迷時爲有心, 爾時悟罷了無心.
雖復無心能照用, 照用常寂卽如如."

重曰:
"無心無照亦無用, 無照無用卽無爲.
此是如來眞法界, 不同菩薩爲辟支.

---

36) 원문에서는 '之' 뒤에 '不'이 빠져 있다.
37) 원문에는 '壞'가 '懷'로 오기(誤記)되어 있다.

言無心者, 卽無妄相心也."

14.

又問："何名爲太上?"

答曰："太者大也, 上者高也. 窮高之妙理, 故云太上也. 又太者通泰之位也. 三界之天, 雖有延康之壽福盡, 是故終輪迴六趣, 未足爲太. 十住菩薩, 雖出離生死, 而妙理未極, 亦未爲太. 十住修心, 忘[38]有入無, 又無其無有, 雙遣不忘[39]中道, 亦未爲太. 又忘中道, 三處都盡, 位皆妙覺, 菩薩雖遣三處, 不能無其所妙, 亦未爲太. 又忘其妙則佛道, 至極則無所存, 無存思則無思慮, 兼妄心智永息, 覺照俱盡, 寂然無爲, 此名爲太也. 太是理極之義, 上是無等也,[40] 故云太上卽之佛如來之別名也."

---

38) 원문의 '妄'은 '忘'이어야 문맥이 맞다.
39) 원문의 '妄'은 '忘'이어야 문맥이 맞다.
40) 원문의 '色'은 '也'라야 문맥이 맞다.

혈맥론
血 脈 論

혈맥론

1.

삼계(三界)가 뒤섞여 일어나지만, 함께 한 마음으로 돌아간다.

앞 부처와 뒷 부처가 마음을 가지고 마음에 전하고 문자(文字)를 세우지 않는다.

묻는다.

"만약 문자를 세우지 않는다면, 무엇으로 마음을 삼습니까?"

답한다.

"그대가 나에게 묻는 것이 곧 그대의 마음이고, 내가 그대에게 답하는 것이 곧 나의 마음이다.

나에게 만약 마음이 없다면 어떻게 그대에게 답할 수 있겠으며, 그대에게 만약 마음이 없다면 어떻게 나에게 물을 수 있겠는가?

나에게 묻는 것이 곧 그대의 마음이니, 시작 없는 아득한 과거로부터 움직이고 행동하는 것이 언제든지 어디서든지 모두가 그대의 본래 마음이고 모두가 그대의 본래 부처이다.

마음이 바로 부처라는 말 역시 그와 같다.

이 마음을 제외하고 얻을 수 있는 다른 부처는 결코 없으며, 이 마음을 떠나 밖에서 깨달음과 열반을 찾을 수는 절대로 없다.

스스로의 본성(本性)은 진실하여, 원인도 아니고 결과도 아니다.

법(法)은 곧 마음이라는 뜻이다.

스스로의 마음이 바로 깨달음이며 스스로의 마음이 바로 열반이니, 마음 밖에서 부처와 깨달음을 얻을 수 있다고 말할 수는 없다.

부처와 깨달음이 모두 어디에 있겠는가?

비유하자면 사람이 손으로 허공을 붙잡으려는 것과 같으니, 붙잡을 수가 있겠는가?

허공은 다만 이름일 뿐이고 모양은 없어서, 가질 수도 없고 버릴 수도 없다.

허공을 붙잡을 수 없는 것처럼, 이 마음을 없애고 밖에서 부처를 찾을 수는 결코 없다.

부처란 스스로의 마음이 만들어 내는 것인데, 어떻게 이 마음을 떠나 따로 부처를 찾을 것인가?

앞 부처와 뒷 부처가 다만 그 마음을 말할 뿐이다.

마음이 곧 부처이고, 부처가 곧 마음이다. 마음 밖에 부처 없고, 부처 밖에 마음 없다.

만약 마음 밖에 부처가 있다고 한다면, 부처는 어디에 있는가?

마음 밖에 이미 부처가 없는데, 왜 부처라는 견해를 일으켜서 서로 속이고 속는가?

본래 마음을 깨닫지 못하면, 저 무정물(無情物)에게 사로잡혀서 자유로울 수 없다.

만약 믿지 않는다면, 스스로를 속일 뿐 이익이 없다.

부처에게는 허물이나 근심이 없는데, 중생이 거꾸로 되어 있다. 깨닫지 못하고 알지 못해도 자기 마음이 바로 부처이다.

2.

만약 자기의 마음이 바로 부처임을 안다면, 마음 밖에서 부처를 찾지 않을 것이니, 부처가 부처를 헤아리지는 않는다.

마음을 가지고 부처를 찾는다면 부처를 알지 못한다.

밖에서만 부처를 찾는 사람은 모두 자기 마음이 바로 부처임을 알지 못하는 것이다.

또한 부처를 가지고 부처에게 절할 수는 없으며, 마음을 가지고 부처를 생각할 수도 없다.

부처는 경(經)을 외우지도 않고, 부처는 계(戒)를 지키지도 않고, 부처는 계를 범하지도 않는다. 부처는 지키고 범함이 없으며, 선(善)도 악(惡)도 짓지 않는다.

만약 부처를 찾고자 한다면, 반드시 본성을 보아야 하니, 본성이 곧 부처이다.

만약 본성을 보지 못한다면, 염불(念佛)하고 경을 외고 재(齋)를 지내고 계(戒)를 지킨다고 하여도 이익될 것이 없다.

염불하면 인과(因果)를 얻고, 경을 외면 총명(聰明)을 얻고, 계를 지키면 하늘에 태어날 수 있고, 보시(布施)하면 복된 과보(果報)를 얻지만, 끝내 부처를 찾지는 못한다.

3.

만약 스스로 밝게 깨닫지 못하면, 반드시 선지식(善知識)을 찾아서 생사(生死)의 근본을 밝혀 내야 한다.

만약 본성을 보지 못한다면, 선지식이라고 할 수가 없다.

만약 이와 같지 못하면, 비록 12부경을 설명할 수 있더라도 역시 생사윤회(生死輪廻)를 면하지 못할 것이고, 삼계(三界)에서 받는 고통을 벗어날 기약이 없을 것이다.

옛날 선성(善星) 비구는 12부경을 욀 줄 알았지만, 도리어 스스로는 윤회를 면하지 못했으니, 본성을 보지 못했기 때문이다.

선성(善星)이 이미 그와 같았는데, 오늘날 사람들이 서너 권의 경론(經論)을 강의할 수 있는 것으로 불법(佛法)이라고 여긴다면, 어리석은 사람이다.

만약 자기의 마음은 알지 못하면서 쓸데없는 글들만 외운다면, 아무 쓸모가 없을 것이다.

4.

부처를 찾고자 한다면, 바로 본성을 보아야만 한다.

본성이 곧 부처이고, 부처는 곧 자재(自在)한 사람이며, 할 일이 없는 사람이고, 조작함이 없는 사람이다.

만약 본성을 보지 못하면, 종일 아득하고 어두워서 밖으로 쫓아다니며 찾겠지만, 부처를 찾아보아야 원래 부처는 찾을 수 없는 것이다.

비록 얻을 수 있는 한 물건도 없지만, 아직 깨닫지를 못했다면, 역시 선지식(善知識)을 찾아가 반드시 끈기 있게 공부하여 마음이 깨닫도록 해야 한다.

살고 죽는 일이 크니, 헛되이 시간을 보내서는 안 된다.

스스로를 속여 보아야 이로울 것이 없다.

비록 값진 보배가 산처럼 쌓여 있고 일가 권속이 강의 모래알처럼 많더라도, 눈을 뜨면 보이지만, 눈을 감아도 보이는가?

그러므로 유위(有爲)의 법은 꿈과 같고 환상과 같음을 알아야 한다.

만약 급히 스승을 찾지 않는다면, 헛되이 일생을 보낼 것이다.

그러므로 불성(佛性)은 자신에게 있지만, 스승을 말미암지 않는다면 끝내 밝혀 낼 수가 없다.

스승을 말미암지 않고 깨닫는 자는 매우 희귀하다.

만약 자기 스스로 인연을 깨달아 성인(聖人)의 뜻을 얻는다면, 선지식을 찾을 필요가 없으니, 이런 사람은 곧 태어날 때부터 자질이 남다른 뛰어난 공부꾼이다.

만약 아직 깨달아 알지 못했다면, 반드시 부지런히 끈기 있게 선지식을 찾아 배워야 하니, 가르침으로 말미암아 비로소 깨달을 수 있기 때문이다.

만약 스스로 밝게 깨닫는다면, 배우지 않아도 될 것이니, 어리석은 사람과는 같지가 않다.

흑백을 분별하지도 못하면서 망령된 말로써 불교를 알린다면, 부처를 비방하고 법을 헛되게 하는 것이다. 이와 같은 무리는 법을 말하는 것이 내리는 빗물처럼 유창하더라도 모두가 마구니의 말일 뿐 부처의 말은 아니다. 스승은 마구니의 왕이고 제자는 마구니의 백성이니, 어리석은 사람이 저 백성을 떠맡아 이끌어 모르는 사이에 생사(生死)의 바다에 떨어진다.

그저 본성을 보지 못한 사람이면서 망령되이 부처라고 자칭한다면, 이러한 중생은 죄가 큰 사람이니, 저 일체 중생을 속여서 마구니의 세계로 들어가게 하기 때문이다.

만약 본성을 보지 못하고도 12부 경전의 가르침을 말한다면, 이것은 모두 마구니의 말이며 마구니 집안의 권속이지, 불교 집안의 제자는 아니다. 이미 흑백을 구분치 못하는데, 무엇에 의지하여 생사를 면할 것인가?

만약 본성을 본다면 곧 부처이고, 본성을 보지 못하면 곧 중생이다.

만약 중생의 본성을 떠나서 따로 얻을 불성(佛性)이 있다면, 부처가 지금 어디에 있는가? 중생의 본성이 곧 불성이다. 본성 밖에 부처가 없고, 부처가 곧 본성이다. 이 본성을 제외하고는 얻을 부처가 없고, 부처를 제외하고는 얻을 본성이 없다."

5.

묻는다.

"만약 본성을 보지 않더라도, 염불하고 경을 외고 보시하고 계를 지키고 정진(精進)하고 널리 복되고 이로운 일을 한다면, 성불(成佛)할 수 있습니까?"

답한다.

"성불할 수 없다."

다시 묻는다.

"어찌하여 성불할 수 없습니까?"

답한다.

"얻을 수 있는 조그마한 법이라도 있다면, 이것은 유위법(有爲法)이고 인과법(因果法)으로서, 과보(果報)를 받는 것이니 곧 윤회(輪廻)하는 법이다.

생사(生死)를 벗어나지 못하고서, 어느 때에 불도(佛道)를 이룰 수 있겠는가?

성불이란 모름지기 본성을 보는 것이다.

만약 본성을 보지 않으면, 인과(因果) 등의 말들은 외도(外道)의 법이다.

만약 부처라면, 외도법(外道法)을 익히지 않는다.

부처는 업을 짓는 사람이 아니니, 부처에게는 인과(因果)가 없다.

다만 얻을 수 있는 조그만 법이라도 있기만 하면, 모두 부처를 비방하는 것이니, 어떻게 성불하겠는가?

하나의 마음(一心)에든 하나의 능력(一能)에든 하나의 이해(一解)에든 하나의 견해(一見)에든 머물기만 하면, 부처는 전혀 용납하지 않는다.

부처에게는 지키거나 범할 것이 없다.

마음의 본성은 본래 공(空)이니, 역시 더럽지도 않고 깨끗하지도 않다.

모든 법은 닦을 것도 없고, 깨달을 것도 없고, 원인도 없고, 결과도 없다.

부처는 계율을 지키지도 않고, 선(善)을 닦지도 않고, 악(惡)을 짓지도 않고, 정진(精進)하지도 않고, 게으르지도 않다.

부처는 만드는 일이 없는 사람이니, 마음에 머물러 부처를 본다면, 용납되지 않는다.

부처는 부처가 아니니, 부처라는 견해를 만들지 말라.

만약 이러한 일을 알지 못한다면, 어느 때든 어느 곳에서든 결코 본래 마음을 깨닫지 못할 것이다.

만약 자성을 보지 못하고 언제나 '만드는 일이 없다.'라는 생각을 하려고 한다면, 이것은 큰 죄인이고, 어리석은 사람이고, 무분별의 허공 속에 떨어져 어둡기가 술 취한 사람과 같아서 좋고 나쁨을 판별하지 못한다.

만약 만드는 일이 없는 법을 닦으려 한다면, 먼저 반드시 자성을 본 연후에야 인연에 얽매인 생각이 쉬어지는 것이다.

자성을 보지 못하고도 불도(佛道)를 이룰 수 있는 경우는 절대 없다.

어떤 사람은 인과(因果)를 무시하고 마구 악업(惡業)을 짓고는, 망령되이 말하기를 '본래 공(空)이니 악한 일을 해도 허물이 없다.'고 한다.

이러한 사람은 무간흑암지옥(無間黑暗地獄)에 떨어져 영원토록 벗어날 기약이 없다.

만약 지혜로운 사람이라면, 이와 같은 견해를 만들지 마라."

6.
묻는다.

"이미 움직이고 동작함이 언제나 모두 본래 마음이라면, 육체가 무상(無常)할 때에 어떻게 본래 마음을 보지 못합니까?"

답한다.

"본래 마음이 늘 앞에 드러나 있지만, 그대 스스로가 보지 못하는 것이다."

묻는다.

"마음이 이미 드러나 있는데, 무슨 까닭에 보지 못합니까?"

스님이 말한다.

"그대는 꿈을 꾼 적이 없는가?"

답한다.

"꿈 꾼 적이 있습니다."

묻는다.

"그대가 꿈을 꿀 때에, 그대의 몸은 그대의 본래 몸인가?"

답한다.

"본래 몸입니다."

다시 묻는다.

"그대의 말과 움직임과 동작은 그대와 따로 있는가, 따로 있지 않은가?"

답한다.

"따로 있지 않습니다."

스님이 말한다.

"이미 따로 있지 않다면, 곧 이 몸이 그대의 본래 법신(法身)이고, 이 법신이 그대의 본래 마음이다.

이 마음은 헤아릴 수 없는 과거로부터 지금과 다르지 않아서, 생기거나 사라진 적이 없다.

생기지도 않고, 소멸하지도 않고, 증가하지도 않고, 감소하지도 않고, 더럽지도 않고, 깨끗하지도 않고, 좋지도 않고, 나쁘지도 않고, 오지도 않고, 가지도 않고, 옳고 그름도 없고, 남녀의 모습도 없고, 승속(僧俗)과 노소(老少)도 없고, 성인(聖人)도 없고, 범부도 없고, 부처도 없고, 중생도 없고, 닦아서 깨달음도 없고, 원인도 결과도 없고, 근력(筋力)도 없고, 용모(容貌)도 없다.

마치 허공과 같아서, 가질 수도 없고, 버릴 수도 없고, 산이나 강이나 석벽(石壁)이 가로막을 수도 없다.

나타나고 사라지고 가고 옴에 자재(自在)하고 신령스러이 통한다.

오온(五蘊)의 산을 통과하고, 생사(生死)의 강을 건너니, 어떤 업(業)이라도 이 법신(法身)을 구속할 수 없다.

이 마음은 미묘(微妙)하여 보기가 어려우니, 이 마음은 색심(色心)[41]과 같지 않기 때문이다.

이 마음이 곧 부처이니 사람들은 모두 볼 수 있기를 바라지만, 이 광명(光明) 속에서 손을 움직이고 발을 움직이는 것이 헤아릴 수 없이 많은데도, 사람들에게 물어 보면 전혀 말하지 못하는 것이 마치 나무로 만든 사람과 같다.

모두 자기가 마음껏 사용하는데,[42] 무슨 까닭에 알지 못하는가?

부처가 말하기를 '모든 중생은 전부 어리석은 사람이다. 이 까닭에 업을 지어서 생사(生死)의 강에 떨어져 나오고자 하지만 도리어 잠겨 버리니, 단지 본성을 보지 못하기 때문이다.'라고 하였다. 중생이 만약 어리석지 않다면, 무슨 까닭으로 물어 보면 그 가운데 한 사람도 아는 사람이 없으며, 스스로 손을 움직이고 발을 움직이면서도 무슨 까닭에 알지 못하는가?

그러므로 성인의 말은 잘못됨이 없는데 어리석은 사람이 스스로 깨달아 알지 못한다는 사실을 알겠다.

그러므로 이것은 밝히기가 어려워서 오직 부처 한 사람만이 이

---

41) 색심(色心) : 심장. 육단심(肉團心)과 같음.
42) 수용(受用) : 누리다. 향유하다. 법을 얻어서 그 법을 누리고 향유한다는 말.

마음을 잘 알아차릴 뿐, 나머지 사람들과 하늘 사람과 중생들은 전혀 밝게 깨닫지 못함을 알겠다.

만약 지혜가 이 마음을 밝게 깨달으면, 바야흐로 법성(法性)이라 이름하고, 또 해탈이라 이름하니, 생사에 구속받지 않기 때문이다.

모든 법이 그를 구속할 수 없으니 일컬어 크게 자유로운 으뜸가는 여래라 하고, 또 생각과 말로 하지 못한다고 하고, 또 성스러운 바탕이라고 하고, 또 영원히 살아서 죽지 않는다고 하고, 또 큰 신선이라 한다.

이름은 비록 다르지만 바탕은 곧 하나이니, 성인(聖人)이 여러 가지로 분명한 것이 모두 자기의 마음을 떠나지 않는다.

마음의 크기는 광대하고, 인연에 응하여 작용함은 끝이 없다.

눈에 응해서는 색을 보고, 귀에 응해서는 소리를 듣고, 코에 응해서는 냄새를 맡고, 혀에 응해서는 맛을 알고, 나아가 움직이고 동작하는 것이 모두 자기 마음이다.

언제나 언어의 길이 끊어지기만 하면 곧 자기 마음이다.

그러므로 말하기를 '여래의 색(色)은 다함이 없고 지혜 역시 그러하다.'고 하였다.

색에 다함 없음이 곧 자기 마음이고, 마음인 의식이 모든 것을 잘 분별함과 나아가 움직이고 동작함이 모두 지혜이다.

마음은 모습이 없고, 지혜 역시 다함이 없다.

그러므로 말하기를 '여래의 색은 다함이 없고, 지혜 역시 그러하다.'고 한 것이다.

사대(四大)⁴³⁾로 이루어진 색신(色身)이 곧 번뇌이니, 색신에는 생멸(生滅)이 있기 때문이다.

법신(法身)은 언제나 머묾 없음에 머물러 있다.

여래의 법신은 한결같아서 다르게 변하지 않는다.

그러므로 경(經)에서 말하기를 '중생은 불성이 본래 스스로에게 있음을 알아야 한다.'⁴⁴⁾고 하였다.

7.

가섭(迦葉)은 다만 본성(本性)을 깨달았을 뿐이다.

본성이 곧 마음이고, 마음이 곧 본성이다.

바로 이것이 모든 부처의 마음과 같다.

앞 부처와 뒷 부처가 다만 이 마음을 전하였을 뿐이다.

이 마음을 제외하고는 얻을 부처가 없다.

뒤집힌 중생은 자기 마음이 곧 부처임을 알지 못하고, 밖으로 치달려 찾아서 하루 종일 바쁘다.

염불(念佛)하고 예불(禮佛)하지만, 부처가 어디에 있는가?

이와 같은 견해를 내지 말라.⁴⁵⁾

---

43) 사대(四大) : 육신(肉身)과 물질(物質)을 구성하는 4대원소(大元素). 지(地)·수(水)·화(火)·풍(風).
44) 『법화경』이나 『열반경』의 내용을 요약한 것으로 보인다. 이 구절이 그대로 등장하는 경전은 찾을 수 없다.

단지 자기 마음만 알면 될 뿐, 마음 밖에 다시 다른 부처가 없다.

경(經)에서 말하기를 '무릇 모습 있는 것은 전부 허망(虛妄)하다.'46)고 하였고, 또 말하기를 '지금 서 있는 그곳에 곧 부처가 있다.'47)고 하였다.

자기 마음이 바로 부처이니, 부처를 가지고 부처에게 절하지 말라. 부처와 보살의 모습이 문득 앞에 나타나더라도, 절대로 절하거나 공경하지 말라.48)

나의 마음은 텅 비고 고요하니, 본래 그런 모습이 없다.

만약 모습을 취한다면 곧 마구니에게 사로잡히게 되니, 모두 사도(邪道)에 떨어진다.

만약 (부처의 모습과 보살의 모습이라는) 환상(幻想)이 마음에서 일어남을 알면, 절하지 말라. 절하는 자는 (부처를) 알지 못하고, (부처를) 아는 자는 절하지 않는다.

절하는 것은 마구니에게 사로잡혔기 때문이다.

배우는 사람들이 이 사실을 알지 못할까 염려되어 이와 같이 판별하는 것이다.

모든 부처와 여래와 본성(本性)의 바탕 위에는 이러한 (부처와 보살의) 모습이 전혀 없다는 것을 반드시 마음에 새겨 두어야 한다.

---

45) 불응(不應) : ①-할 필요 없다. ②-하지 마라. 해서는 안 된다.
46) 『금강경(金剛經)』에 나오는 구절.
47) 『대승본생심지관경(大乘本生心地觀經)』「촉루품(囑累品) 제13」에 나오는 구절.
48) 불용(不用) : ①-할 필요 없다. ②-하지 마라

다른 경계가 있더라도 결코 붙잡아 취할 필요가 없고, 두려워하지도 말고, 의심할 필요도 없다.

나의 마음은 본래 청정하니, 어느 곳에 이와 같은 모습이 있겠는가?

나아가 천룡(天龍), 야차(夜叉), 귀신(鬼神), 제석천(帝釋天), 범천(梵天) 등의 모습에 대해서도, 또한 마음을 써서 공경하거나 귀중하게 여기지도 말고, 두려워하지도 말라.

나의 마음은 본래 텅 비고 고요하며, 모든 모습은 전부 허망한 모습이니, 단지 모습을 취하지만 말라.

만약 부처라는 견해, 법이라는 견해를 내고, 부처라는 모습, 보살이라는 모습을 내어 공경하고 귀중하게 여긴다면, 스스로 중생의 지위 속으로 떨어지는 것이다.

만약 진실로 알아차리고자 한다면, 다만 어떤 모습도 취하지 않으면 될 뿐, 달리 할 말은 없다.

그러므로 경에서 말하길 '무릇 있는 모습들은 모두 허망하다.'고 하였으니, 정해진 실체는 전혀 없는 것이다.

환상(幻相)에는 정해진 모습이 없으니, 이것이 곧 무상(無常)한 법이다.

단지 모습을 취하지 않기만 하면, 저 성인의 뜻과 합할 것이다.

그러므로 경에서 말하기를 '모든 모습을 떠나면, 모든 부처라고 일컫는다.'[49]고 한 것이다."

8.

묻는다.

"무엇 때문에 부처나 보살들에게 절하면 안 됩니까?"

답한다.

"천마(天魔)와 파순(波旬)과 아수라(阿修羅)도 신통(神通)을 드러내어 모두 보살의 모습을 만들 수 있다.

여러 가지 모습으로 변화(變化)하는 것은 모두 외도(外道)이고, 결코 부처가 아니다.

부처는 자기 마음이니, 착각하여 절하지 말라.

불(佛)이란 인도 말로서, 중국에서는 각성(覺性)이라고 한다.

각(覺)이란 신령스럽게 깨어 있는 것이다.

기연(機緣)에 응하고 사물을 대하며, 눈썹을 찡그리고 눈을 깜빡이며, 손을 움직이고 발을 움직이는 이 모든 것이 자기의 신령스럽게 깨어 있는 본성이다.

본성이 곧 마음이고, 마음이 곧 부처이고, 부처가 곧 도(道)이고, 도가 곧 선(禪)이다.

선(禪)이라는 한 글자는 범부도 성인도 헤아리지 못하는 것이다."

또 말한다.

"본성을 보는 것이 선(禪)이다.

---

49) 경전에 많이 등장하는 구절이지만, 이 문장 그대로는 어느 경전의 구절인지 찾을 수 없다.

만약 본성을 보지 못하면, 선이 아니다.

설사 천 권의 경전(經典)과 만 권의 논서(論書)를 말할 수 있다고 하더라도, 본성을 보지 못한다면 다만 범부일 뿐, 불법(佛法)은 아니다.

지극한 도는 그윽하고 깊어서 말로써는 이해할 수 없는데, 경전의 가르침이 어떻게 미치겠는가?

단지 본성을 보기만 하면, 한 글자도 몰라도 된다.

본성을 보는 것이 바로 부처이다.

성스러운 본바탕은 본래 깨끗하여 더러움이 없다.

있는 말들은 모두가 성인(聖人)이 마음에서 일으켜 사용하는 것이다. 작용이니 본체니 하는 것은 본래 헛된 이름이다. 말로써 미치지 못하는데, 12부 경전으로 어떻게 미칠 수 있겠는가?

도(道)는 본래 원만하게 이루어져 있으므로, 닦아서 깨달을 필요가 없다.

9.

도는 소리와 색이 아니니, 미묘하여 보기가 어렵다.

마치 사람이 물을 마셔서 차갑고 따뜻함을 스스로 아는 것과 같아서, 남에게 말할 수가 없는 것이다.

오직 여래(如來)만이 알 수 있을 뿐, 나머지 사람이나 하늘사람 등의 부류는 전혀 알지 못한다.

범부의 지혜로는 미치지 못하니, 모습에 집착하기 때문이다.

자기의 마음이 본래 텅 비고 고요한 줄 알지 못하고 망령되이 모습에 집착하고 온갖 법에 집착하면, 바로 외도(外道)에 떨어진다.

만약 모든 법이 마음으로부터 생겨남을 안다면, 붙잡지 말아야 하니, 붙잡으면 알지 못한다.

만약 본성을 본다면, 12부 경전은 모두 부질없는 문자(文字)이다.

천 가지 경전과 만 가지 논서가 다만 마음을 밝히는 것이니, 말끝에 계합(契合)하여 알아차리면, 가르침이 무슨 소용이 있겠는가?

지극한 도리(道理)는 말을 벗어났는데, 가르침은 말이니 사실은 도(道)가 아니다.

도는 본래 말이 없고, 말은 허망한 것이다.

만약 밤에 꿈속에서 누각(樓閣), 궁전, 코끼리, 말 등을 보거나, 나무, 수풀, 연못, 정자(亭子) 등과 같은 모습들을 보더라도, 이러한 모습들에는 좋아하여 집착하는 한 생각도 낼 수가 없으니, 모두가 의탁하여 생기는 것임을 명심해야 한다.

죽음이 다가왔을 때에 모습을 붙잡지 않을 수 있다면, 의심을 제거할 수 있다.

마음이 잠깐이라도 일어나면, 곧 마구니에게 사로잡힌다.

법신(法身)은 본래 청정하여 받을 것이 없다.

다만 인연을 따라서 헤매기 때문에, 깨닫지 못하고 알지 못하는 것이고, 이 때문에 망령되이 과보(果報)를 받는다.

그러므로 좋아하여 집착하게 되면, 자재(自在)할 수가 없다.

지금 만약 깨닫는다면, 본래의 몸과 마음은 습기(習氣)에 물들지 않는다.

만약 성인을 벗어나 범부로 들어가서 여러 가지 잡다한 것들을 드러내 보인다면, 스스로 중생이 되는 것이다.

그러므로 성인(聖人)은 거스르는 경계에서든 순탄한 경계에서든 모두 자재할 수 있으니, 어떤 업도 그를 구속할 수 없어서 성스러움이 영원하다.

큰 위덕(威德)이 있는 모든 종류의 업(業)을 저 성인(聖人)이 부리니, 천당과 지옥도 그를 어찌할 수가 없다.

범부(凡夫)는 정신(精神)과 의식(意識)이 어두우니, 성인이 안팎이 밝게 통하는 것과는 같지 않다.

만일 의심이 있으면 행하지 않지만, 행하게 되면 생사(生死)의 바다 위에서 떠다니게 되어, 뒤에 후회하더라도 구해 줄 수가 없다.

가난과 고생이 모두 망상(妄想)으로 말미암아 생기니, 만약 이 마음을 깨닫고서 서로서로 권고하여 다만 행함 없이 행한다면, 곧 여래(如來)의 지견(知見)으로 들어간다.

10.

처음 발심한 사람은 정신과 의식이 전혀 안정(安定)되어 있지 않다.

만약 꿈속에서 흔히 이상한 경계를 보더라도 곧장 의심할 필요는 없으니, 모두 자기의 마음이 일으킨 것이고 밖에서 온 것이 아니기 때문이다.

꿈에서 만약 밝음이 나타남을 보았는데 태양보다도 더 밝다면, 곧 남은 습(習)이 문득 없어지고 법계(法界)의 본성이 나타나는 것이다.

만약 이러한 일이 있다면, 바로 도를 이루는 원인이지만, 오직 스스로가 알 뿐 남에게는 말할 수 없다.

혹시 고요한 숲 속에서 가고 머물고 앉고 눕는 사이에 눈에서 밝음을 보는데 작기도 하고 크기도 하다면, 남에게 말하지도 말고 집착하지도 말지니, 역시 자성(自性)의 밝음이다.

혹은 밤중에 조용한 어둠 속에서 가고 머물고 앉고 누움에 눈에서 밝음을 보아 낮과 다름이 없다면, 괴이하게 여기지 말 것이니, 모두가 자기 마음이 밝게 드러나고자 하는 것이다.

혹은 밤에 꿈속에서 별이나 달을 또렷이 보더라도, 자기 마음이 여러 인연을 쉬고자 하는 것이니, 역시 남에게 말해서는 안된다.

꿈이 만약 어둡고 어두워서 마치 어두운 그늘 속을 가는 것과 같다면, 자기 마음에 번뇌의 장애가 두꺼운 것이니, 역시 스스로 알 수 있다.

11.

만약 본성을 본다면, 독경(讀經)하고 염불(念佛)할 필요가 없다.

널리 배우고 많이 알아보아야 이익될 것이 없고, 정신과 의식이 더욱 혼미해질 뿐이다.

가르침을 베푸는 것은 다만 마음을 나타내기 위한 것이다.

만약 마음을 안다면, 가르침을 살피는 것이 무슨 소용이 있겠느냐?

만약 범부를 빠져나와 성인으로 들어가려 한다면, 곧 업(業)을 쉬고 정신을 수양하면서 분수에 따라 시간을 보내야 한다.

만약 자주 성을 내거나 기뻐한다면, 본성을 변화시켜 도와 서로 어긋나게 만들 것이다.

스스로 이익을 보려 한다면, 이로울 것이 없다.

성인은 생사 속에서 자재하여, 나타나고 사라지고 숨고 드러남에 정해진 것이 없다.

모든 업이 그를 구속할 수가 없으니, 성인은 삿된 마구니를 부순다.

모든 중생이 본성을 보기만 하면, 남은 습(習)이 문득 소멸하고, 정신과 의식이 어둡지 않아서, 바로 그 자리에서 즉각 깨닫는다.

다만 지금 진실로 도를 알아차리고자 한다면, 어떠한 법에도 집착하지 말라. 업을 쉬고 정신을 수양하면, 남은 습도 역시 사라져서 저절로 명백할 것이니, 힘써 공부할 필요가 없다.

외도(外道)는 부처의 뜻을 알지 못하고, 힘써 공부하는 것을 최고로 삼으니, 성인의 뜻과는 어긋난다.

하루 종일 바쁘게 염불하고 경전을 뒤져봐도, 신령스런 본성에 어두우면 윤회(輪廻)를 면하지 못한다.

부처는 한가한 사람인데, 무엇 때문에 바삐 두루 명성과 이익을 찾겠는가? 나중에 어디에다 쓰겠는가?

본성을 보지 못한 사람은, 경을 읽고, 염불하고, 늘 배우면서 열심히 공부하고, 하루 종일 도를 행하고, 늘 배우면서 앉아서 눕지 않고, 두루 배우고 많이 듣는 것을 불법(佛法)으로 삼는다.

이러한 중생들은 모두가 불법을 비방하는 사람들이다.

12.

앞 부처와 뒷 부처가 다만 견성(見性)을 말할 뿐이다.

제행(諸行)은 무상(無常)이니, 만약 본성을 보지 못하고서 망령되이 '나는 무상정각(無上正覺)을 얻었다.'고 말한다면, 이 사람은 큰 죄인이다.

10인의 큰 제자 가운데 아난(阿難)은 다문(多聞) 가운데 첫째였지만, 부처를 알지는 못하고 다만 배워서 많이 알 뿐이었다.

이승(二乘)과 외도(外道)는 모두 부처를 알지 못하고, 하나하나 닦아서 깨닫는다고 알고 있으니, 인과(因果)에 떨어져 중생(衆生)의 업보(業報)를 받고 생사(生死)를 면하지 못한다.

부처의 뜻에 위배되면 곧 부처를 비방하는 중생이니, 죽여도 도리어 죄나 허물이 없다. 경에서 말하기를 '천제인(闡提人)[50]은 믿는 마음을 내지 않는다.'[51]고 하였으니, 죽여도 도리어 죄나 허물

---

50) 천제인(闡提人) : 일천제(一闡提; icchantika) 또는 일천저가(一闡底柯)・일천제가(一闡提伽)・일전가(一顚迦), 줄여서 천제(闡提)라고 하며, 단선근(斷善根)・신불구족(信不具足)이라 번역. 성불(成佛)할 성품이 없는 이를 뜻함.

이 없다.

만약 믿는 마음이 있다면, 이 사람은 부처의 지위에 있는 사람이다.

만약 본성을 보지 못했다면, 차례차례 나아가지[52] 말아야 한다.

저 선량(善良)한 성인을 비방하고 스스로 이익을 보려 해도 이로울 것이 없으니, 선과 악이 또렷하고 원인과 결과가 분명하다.

천당과 지옥이 다만 눈앞에 있는데도, 어리석은 사람은 믿지 않고, 지금 깜깜한 지옥 속에 떨어져 있으면서도 알아차리지 못한다.

다만 업(業)이 무겁기 때문에 믿지 않는 것이다.

마치 눈 없는 사람이 빛이 밝다는 말을 믿지 않는 것과 같다. 비록 그에게 말해 주어도 믿지 못하는 것은 다만 맹인(盲人)이기 때문이니, 어떻게 햇빛을 알 수 있겠는가?

어리석은 사람도 이와 같아서, 지금 축생(畜生)의 잡류(雜類)에 떨어져 있고 빈궁하고 하천(下賤)하게 태어나 있어서, 살고 싶어도 살 수가 없고 죽고 싶어도 죽을 수가 없다. 비록 이러한 고통을 받고 있으면서도, 바로 물으면 또한 말하기를 '나는 지금 즐거워서 천당에 있는 것과 다름이 없다.'고 한다.

그러므로 모든 중생은 살아 있는 것을 즐거움으로 여기면서도,

---

51) 『입능가경(入楞伽經)』 제2권 「집일체불법품(集一切佛法品) 제3-1」에 나오는 구절.

52) 취차(取次) : 순차적으로. 순서대로. 차례차례.

그 사실을 알아차리지 못하고 있음을 알겠다.

이와 같이 악(惡)한 사람은 다만 업장(業障)이 무겁기 때문에 신심(信心)을 낼 수가 없는 것이지, 다른 것 때문이 아니다.

13.

만약 자기 마음이 곧 부처임을 보면, 머리를 깎을 필요가 없으니, 세속인(世俗人) 또한 부처이다.

만약 본성을 보지 못하면, 머리를 깎아도 역시 외도(外道)이다."

묻는다.

"세속인은 처자(妻子)가 있고 음욕(淫慾)도 없애지 않는데, 어떻게 성불(成佛)할 수 있습니까?"

답한다.

"다만 견성(見性)을 말할 뿐, 음욕(淫慾)을 말하지는 않는다.

단지 견성하지 못했기 때문에 (음욕이 문제가 되는 것이지), 견성하기만 하면 음욕은 본래 공적(空寂)하니 끊어 없앨 필요도 없고 즐겨 집착하지도 않는다. 비록 남은 습기(習氣)가 있더라도 해가 되지 않는다.

무엇 때문인가? 본성은 본래 깨끗하기 때문이다.

비록 오온(五蘊)의 색신(色身) 속에 있지만, 그 본성은 본래 깨끗하여 오염될 수가 없다.

법신(法身)은 본래 감각을 받아들임이 없어서, 배고픔도 없고, 목마름도 없고, 추움도 없고, 더움도 없고, 병(病)도 없고, 사랑도 없고, 딸린 권속도 없고, 고통과 즐거움도 없고, 좋아함과 싫어함도 없고, 장점과 단점도 없고, 강함과 약함도 없다.

본래 얻을 수 있는 한 물건도 없다.

다만 이 색신(色身)이라는 원인에 집착하기 때문에, 배고픔, 갈증, 추움, 더움, 질병 등의 모습이 있는 것이다.

만약 집착하지 않는다면, 마음대로 (자재하게) 행위하여라.

만약 생사 속에서 자재(自在)를 얻어 일체법을 굴린다면, 성인(聖人)과 같이 신령스러이 통하고 자재하고 막힘이 없어서 불안한 곳이 없을 것이다.

만약 마음에 의심이 있다면, 결코 어떤 경계도 뛰어넘지 못한다.

조작하지 않는 것이 가장 좋다. 조작하면 생사의 윤회를 면하지 못한다.

만약 본성을 본다면, 찬다라(旃陀羅, candala; 도살업 등에 종사하는 최하층의 천민)도 역시 성불할 수 있다."

묻는다.

"찬다라는 살생(殺生)을 업(業)으로 삼고 있는데 어떻게 성불할 수가 있습니까?"

답한다.

"단지 견성을 말할 뿐, 업 짓는 것을 말하지 않는다. 비록 업 짓는 것이 어리석은 사람과 같지 않아도, 어떤 업도 그를 구속할 수가 없다.

애초부터 다만 본성을 보지 못했기 때문에 지옥 속에 떨어진 것이다. 그러므로 업을 지어 생사에 윤회한다. 본성을 깨닫게 되면, 끝내 업을 짓지 않는다.

만약 본성을 보지 못하면, 염불(念佛)해도 과보(果報)를 면하지 못하니, 생명을 살해하는 것까지 말할 것도 없다.

만약 본성을 보면, 의심이 문득 사라지니, 생명을 죽인 것도 그를 어찌할 수 없을 것이다.

14.

인도의 27조사가 다만 차례차례 심인(心印)을 전했을 뿐이며, 나는 이제 이 땅에 와서 오직 돈교대승(頓敎大乘)의 즉심시불(卽心是佛)만을 전할 뿐, 지계(持戒)나 보시(布施)나 정진(精進)이나 고행(苦行)을 말하지는 않는다.

나아가 물과 불 속에 들어가고, 칼을 꽂은 바퀴 위에 올라가고, 한 끼 밥만 먹고, 늘 앉아서 눕지 않는 것 등은 모두 외도의 유위법(有爲法)이다.

만약 행위와 동작의 신령스런 깨달음의 본성을 알아차릴 수 있다면, 그대가 곧 모든 부처의 마음이다.

앞 부처와 뒷 부처가 단지 마음을 전한다고만 하였으니, 다시 다른 법은 없다.

만약 이 법을 알아차리게 되면, 범부가 한 글자도 알지 못해도 역시 부처이지만, 만약 자기의 신령스런 깨달음의 본성을 알지 못하면, 설사 몸이 부서져서 가루가 되더라도 부처 찾는 일은 끝내 이룰 수 없다.

부처는 또 법신(法身)이라고도 하고, 본심(本心)이라고도 한다.

이 마음에는 모습도 없고, 인과(因果)도 없고, 근육과 골격도 없고, 마치 허공과 같아서 붙잡을 수도 없고, 물질과 같지 않고, 외도와 같지가 않다.

이 마음은 여래(如來) 한 사람만이 알 수 있을 뿐, 그 나머지 중생인 어리석은 사람들은 밝게 알 수 없다.

15.

이 마음은 사대색신(四大色身) 속을 벗어나지 않는다.

만약 이 마음을 벗어난다면, 움직일 수가 없다.

이 몸에는 지각(知覺)이 없으니 마치 초목(草木)이나 기와 조각 같고, 이 몸에는 정식(情識)이 없으니 무엇으로 말미암아 움직이겠는가?

만약 자기 마음이 움직이면, 말하고 행동하고 보고 듣고 느끼고 아는 것들이 모두 움직이는 마음이 움직여 작용함이다.

움직이는 것은 마음의 움직임이니, 움직임이 바로 그 작용이다.

움직여 작용함 밖에 마음이 없고, 마음 밖에 움직임이 없다.

움직임은 마음이 아니고, 마음은 움직임이 아니다. 움직임에는 본래 마음이 없고, 마음에는 본래 움직임이 없다.

움직임은 마음을 떠나지 않고, 마음은 움직임을 떠나지 않는다. 움직임에는 마음이 떠나지 않고, 마음에는 움직임이 떠나지 않는다.

움직임은 마음의 작용이고, 작용은 마음의 움직임이다. 움직이면 마음이 작용하고, 작용하면 마음이 움직이니, 움직이지 않으면 작용하지도 않는다.

작용의 바탕은 본래 공(空)인데, 공은 본래 움직임이 없다.

움직임과 작용은 마음과 같지만, 마음에는 본래 움직임이 없다.

그러므로 경에서 말하길 '움직이지만 움직임이 없다.'[53]고 한 것이다.

이 까닭에 종일 왔다 갔다 하지만 한 번도 왔다 갔다 한 적이 없으며, 종일 보지만 한 번도 본 적이 없으며, 종일 웃지만 한 번도 웃은 적이 없으며, 종일 듣지만 한 번도 들은 적이 없으며, 종일 알지만 한 번도 안 적이 없으며, 종일 기쁘지만 한 번도 기뻤던 적이 없으며, 종일 다니지만 한 번도 다닌 적이 없으며, 종일 머물지만 한 번도 머문 적이 없다.

그러므로 경에서 말하길 '언어의 길이 끊어지고, 마음이 가는 곳이 사라졌다.'[54]고 한다.

보고, 듣고, 느끼고, 아는 것이 본래 두루 고요하다.

나아가 성내고 기쁘고 아픈 것이 나무 인형과 무엇이 다르겠는가?

---

53) 어느 경전의 구절인지 찾을 수 없다.
54) 불타발타라(佛馱跋陀羅)가 번역한 『대방광불화엄경(大方廣佛華嚴經)』「여래광명각품(如來光明覺品) 제5」에 "言語道斷行處滅."이라는 구절이 나온다.

다만 아픔을 찾아낼 수 없기 때문이다.

그러므로 경에서 말하길 '악업(惡業)은 고통스런 과보를 가져오고 선업(善業)에는 좋은 과보가 있다. 성을 내면 지옥에 떨어질 뿐만 아니라, 기뻐하면 하늘에 태어난다.'[55]고 한 것이다.

만약 성냄과 기쁨의 본성이 공(空)임을 알아서 집착하지 않기만 하면, 모든 업(業)에서 해탈한다.

만약 본성을 보지 못하고 경전을 읽는다면, 결단코 의지할 것이 없다.

말을 하려면 끝이 없으니 간략히 삿됨과 바름을 드러낸 것이 이와 같지만, 한두 가지에도 미치지 못했다."

16.

송(頌)한다.

"마음 마음 하지만 마음은 찾기가 어려우니,
넓을 때에는 법계(法界)에 두루하고,
좁을 때에는 바늘도 들어갈 틈이 없다.
나는 본래 마음을 찾고 부처를 찾지 않으니,
삼계(三界)가 비어서 물건이 없음을 밝게 안다.
만약 부처를 찾고자 한다면 다만 마음을 찾을지니,

---

55) 어느 경전에 나오는 말인지 찾을 수 없다.

단지 이 마음 마음 하는 마음이 곧 부처이다.

나는 본래 마음을 찾았으나 마음은 스스로 가지고 있는 것이라,

마음을 찾아도 마음을 기다릴 수는 없음을 안다.

불성은 마음 밖에서 얻을 수 없으니,

마음이 생기면 곧 죄가 생기는 때이다."

17.
게(偈)한다.

"나는 본래 이 땅에 와서,

법을 전하여 미혹한 중생을 구하려 했다.

하나의 꽃에 다섯 잎이 열리니,

열매 맺는 것은 저절로 이루어진다."

혈맥론 끝.

血脈論

1.

三界混起,[56] 同歸一心. 前佛後佛, 以心傳心, 不立文字.

問曰: "若不立文字, 以何爲心?"

答曰: "汝問吾卽是汝心, 吾答汝卽是吾心. 吾若無心, 因何解答汝, 汝若無心, 因何解問吾? 問吾卽是汝心, 從無始曠大劫以來, 乃至施爲運動, 一切時中一切處所, 皆是汝本心, 皆是汝本佛. 卽心是佛, 亦復如是. 除此心外, 終無別佛可得, 離此心外, 覓菩提涅槃, 無有是處. 自性眞實, 非因非果. 法卽是心義. 自心是菩提,[57] 自心是涅槃, 若言心外有佛及菩提可得, 無有是處. 佛及菩提, 皆在何處? 譬如有人以手捉[58]虛空, 得否? 虛空但有名, 亦無相貌, 取不得捨不得. 是捉空不得, 除此心外覓[59]佛, 終不得也. 佛是自

---

56) 소실본 三界興起
57) 이 구절은 속장경본에는 없다.
58) 속장본 提
59) 속장본 見

心作得, 因何離此心外覓佛? 前佛後佛只言其心. 心卽是佛, 佛卽是心. 心外無佛, 佛外無心. 若言心外有佛, 佛在何處? 心外旣無佛, 何起佛見, 遞相誑惑? 不能了本心, 被他無情物攝, 無自由.[60] 若也[61]不信, 自誑無益. 佛無過患, 衆生顚倒. 不覺不知, 自心是佛.

2.

若知自心是佛, 不應心外覓佛, 佛不度佛, 將心覓佛, 不[62]識佛. 但是外覓佛者, 盡是不識自心是佛. 亦不得將佛禮佛, 不得將心念佛. 佛不誦經, 佛不持戒, 佛不犯戒. 佛無持犯, 亦不造善惡. 若欲覓佛, 須是見性, 性[63]卽是佛. 若不見性, 念佛誦經持齋持戒, 亦無益處. 念佛得因果, 誦經得聰明, 持戒得生天, 布施得福報, 覓佛終不得也.

3.

若自己不明了, 須參善知識, 了却生死根本. 若不見性, 卽不名善知識. 若不如此, 縱說得十二部經, 亦不免生死輪廻, 三界受苦無出期時.[64] 昔有善星比丘, 誦得十二部經, 猶自不免輪廻, 緣[65]爲不見性. 善星旣如此, 今

---

60) 소실본 自由分
61) 소실본 又
62) 소실본 而不
63) 속장본 見性
64) 소실본 無有出期
65) 소실본에는 없다.

時人, 講得三五本經論, 以爲佛法者, 愚人也. 若不識得自心, 誦得閑文書, 都無用處.

4.

若要覓佛, 直須見性. 性卽是佛, 佛卽是自在人, 無事無作人. 若不見性, 終日茫茫, 向外馳求, 覓佛元來不得. 雖無一物可得, 若未會, 亦須參善知識, 切須苦求, 令心會解. 生死事大, 不得空過, 自誑無益. 縱有珍寶如山, 眷屬如恒河沙, 開眼卽見, 合眼還見麽? 故知有爲之法如夢幻等. 若不急尋師, 空過一生. 然則佛性自有, 若不因師, 終不明了. 不因師悟者, 萬中希有. 若自己, 以緣會合, 得聖人意, 卽不用參善知識, 此卽是生而知之勝學也. 若未悟解, 須勤苦參學, 因敎方得悟. 若自明了,[66] 不學亦得, 不同迷人. 不能分別皁白, 妄言宣佛敎[67]勅, 謗佛妄[68]法. 如斯等類, 說法如雨, 盡是魔說, 卽非佛說. 師是魔王, 弟子是魔民, 迷人任他指揮, 不覺墮生死海. 但是不見性人, 妄稱是佛, 此等衆生是大罪人, 誑他一切衆生, 令入魔界. 若不見性, 說得十二部經敎, 盡是魔說, 魔家眷屬, 不是佛家弟子. 旣不辨皁白, 憑何免生死. 若見性卽是佛, 不見性卽是衆生. 若離衆生性別有佛性可得者, 佛今在何處? 卽[69]衆生性, 卽是佛性也. 性外無佛, 佛卽是性. 除此性外, 無佛可得. 佛外無性可得."

---

66) 속장본 若未悟了
67) 속장본에는 '敎' 자가 없음.
68) 속장본 忌
69) 소실본에는 없다.

5.

問曰: "若不見性, 念佛誦經布施持戒精進廣興福利, 得成佛否?"

答曰: "不得."

又問: "因何不得?"

答曰: "有少法可得, 是有爲法, 是因果, 是受報, 是輪廻法. 不免生死, 何時得成佛道? 成佛須是見性. 若不見性, 因果等語是外道法. 若是佛, 不習外道法. 佛是無業人, 無因果. 但有少法可得, 盡是謗[70]佛, 憑何得成? 但有住着一心一能一解一見, 佛都不許. 佛無持犯. 心性本空, 亦非垢淨. 諸法無修無證, 無因無果. 佛不持戒, 佛不修善, 佛不造惡, 佛不精進, 佛不懈怠. 佛是無作人, 但有住着心見佛, 即不許也. 佛不是佛, 莫作佛解. 若不見此義, 一切時中, 一切處處, 皆是不了本心. 若不見性, 一切時中, 擬作無作想, 是大罪人, 是癡人, 落無記空中, 昏昏如醉人, 不辨好惡. 若擬修無作法, 先須見性然後, 息緣慮. 若不見性, 得成佛道, 無有是處. 有人撥無因果, 熾然作惡業, 妄言: '本空作惡無過.' 如此之人, 墮無間黑闇地獄, 永無出期. 若是智人, 不應作如是見解."

6.

問曰: "旣若施爲運動, 一切時中, 皆是本心, 色身無常之時, 云何不見本心?"

答曰: "本心常現前, 汝自不見."

---

70) 속장본 傍

問曰:"心旣見在, 何故不見?"

師云:"汝曾作夢否?"

答:"曾作夢."

問曰:"汝作夢之時, 是汝本身否?"

答:"是本身."

又問:"汝言語施爲運動, 以汝別不別?"

答:"不別."

師云:"旣若不別, 卽71)此身是汝本法身, 卽此法身是汝本心. 此心從無始曠大劫來, 與如今不別, 未曾有生死. 不生不滅, 不增不減, 不垢不淨, 不好不惡, 不來不去, 亦無是非, 亦無男女相, 亦無僧俗老少, 無聖無凡, 亦無佛亦無衆生, 亦無修證, 亦無因果, 亦無筋力, 亦無相貌. 猶如虛空, 取不得捨不得, 山河石壁不能爲礙. 出沒往來, 自在神通. 透五蘊山, 渡生死河, 一切業拘此法身不得. 此心微妙難見, 此心不同色心. 此心是佛,72) 人皆欲得見,73) 於此光明中, 運手動足者, 如恒河沙, 及乎問着, 總道不得, 猶如木人相似. 總是自己受用, 因何不識? 佛言:'一切衆生盡是迷人. 因此作業, 墮生死河, 欲出還沒, 只爲不見性.'衆生若不迷, 因何問着, 其中無有一人得會者, 自家運手動足, 因何不識? 故知聖人語不錯, 迷人自不會曉. 故知此難明, 唯佛一人能會此心,74) 餘人天及衆生等, 盡不明了. 若智慧明

---

71) 소실본 卽是
72) 소실본에는 이 한 구절이 없다.
73) 소실본 此心是人皆欲得見
74) 소실본 此法

了此心, 方[75]名法性, 亦名解脫, 生死不拘. 一切法拘他不得, 是名大自在王如來, 亦名不思議, 亦名聖體, 亦名長生不死, 亦名大仙. 名雖不同, 體卽是一. 聖人種種分明,[76] 皆不離自心. 心量廣大, 應用無窮. 應眼見色, 應耳聞聲, 應鼻嗅香, 應舌知味, 乃至施爲運動, 皆是自心. 一切時中, 但有語言道斷,[77] 卽是自心. 故云:'如來色無盡, 智慧亦復然.'色無盡是自心, 心識善能分別一切, 乃至施爲運用, 皆是智慧. 心無形相, 智慧亦無盡. 故云:'如來色無盡, 智慧亦復然.'四大色身卽是煩惱, 色身卽有生滅. 法身常住無所住. 如來法身常不變異. 故經云:'衆生應知佛性本自有之.'

7.

迦葉只是悟得本性. 本性卽是心, 心卽是性. 卽[78]此同諸佛心. 前佛後佛只傳此心.

除此心外, 無佛可得. 顚倒衆生, 不知自心是佛, 向外馳求, 終日忙忙. 念佛禮佛, 佛在何處? 不應作如是等見. 但識[79]自心, 心外更無別佛. 經云:'凡所有相皆是虛妄.'又云:'所在之處卽爲有佛.'自心是佛, 不應將佛禮佛. 但是有佛及菩薩相貌忽爾現前, 亦切不用禮敬. 我心空寂, 本無如是相貌. 若取相卽是魔攝, 盡落邪道. 若知幻從心起, 卽不用禮. 禮者不知, 知者不

---

75) 속장본 號
76) 소실본 分別
77) 소실본에는 '道斷'이 없다. '道斷'이 없는 것이 보다 뜻이 잘 통한다.
78) 속장본 性卽
79) 속장본 知

禮. 禮被魔攝. 恐學人不知故, 作如是辨. 諸佛如來本性體上, 都無如是相貌, 切須在意. 但有異境界, 切不用探括, 亦莫生怕怖, 不要疑惑. 我心本來清淨, 何處有如許相貌? 乃至天龍夜叉鬼神, 帝釋梵王相等, 亦不用心生敬重, 亦莫怕懼. 我心本來空寂, 一切相貌皆是妄相, 但莫取相. 若起佛見法見, 及佛菩薩等相貌而生敬重, 自墮衆生位中. 若欲眞[80]會, 但莫取一切相卽得, 更無別語. 故經云: '凡所有相, 皆是虛妄.'[81] 都無定實. 幻無定相, 是無常法. 但不取相, 合他聖意. 故經云: '離一切相, 卽名諸佛.'"

8.

問曰: "因何不得禮佛菩薩等?"

答曰: "天魔波旬阿修羅示見神通, 皆作得菩薩相貌. 種種變化, 是外道, 總不是佛. 佛是自心, 莫錯禮拜. 佛是西國語, 此土云覺性. 覺者靈覺. 應機接物, 揚眉瞬目, 運手動足, 皆是自己靈覺之性. 性卽是心, 心卽是佛, 佛卽是道, 道卽是禪. 禪之一字, 非凡聖所測."

又云: "見本性爲禪.[82] 若不見本性, 卽非禪也. 假使說得千經萬論, 若不見本性, 只是凡夫, 非是佛法. 至道幽深, 不可話會, 典教憑何所及? 但見本性, 一字不識亦得. 見性卽是佛. 聖體本來清淨, 無有雜穢. 所有言說皆是聖人從心起用. 用體本來空名. 言尙[83]不及, 十二部經, 憑何得及? 道本圓成,

---

80) 소실본 直
81) 소실본에는 '故經云 凡所有相 皆是虛妄'이 없다.
82) 소실본 直見本性 名之爲禪
83) 속장본 猶

혈맥론 **75**

不用修證.

9.

道非聲色, 微妙難見. 如人飲水, 冷暖自知, 不可向人說也. 唯有如來能知, 餘人天等類, 都不覺知. 凡夫智不及, 所以有執相. 不了自心本來空寂, 妄執相及一切法, 卽墮外道. 若知諸法從心生, 不應有執, 執卽不知. 若見本性, 十二部經, 總是閑文字. 千經萬論只是明心, 言下契會, 敎將何用? 至理絶言, 敎是言詞, 實不是道. 道本無言, 言說是妄. 若夜夢見樓閣宮殿象馬之屬, 及樹木叢林池亭, 如是等相, 不得起一念樂着, 盡是托生之處, 切須在意. 臨終之時, 不得取相, 卽得除疑. [84) 心[85)瞥起, 卽[86)魔攝. 法身本來淸淨無受. 只緣迷故, 不覺不知, 因玆故, 妄受報. 所以有樂着, 不得自在. 只今若悟得, 本來身心, 卽不染習. 若從聖入凡, 示現[87)種種雜類等, 自爲衆生. 故聖人逆順皆得自在, 一切業拘他不得, 聖成久.[88) 有大威德, 一切品類業, 被他聖人轉, 天堂地獄, 無奈何他.[89) 凡夫神識昏昧, 不同聖人內外明徹. 若有疑卽不作, 作卽流浪生死, 後悔無相救處. 貧窮困苦皆從妄想生, 若了是心, 遞相勸勉, 但無作而作, 卽入如來知見.

---

84) 소실본 障
85) 소실본 疑心
86) 소실본 卽被
87) 속장본 示見
88) 소실본 久矣
89) 소실본 無奈他何

10.

初發心人, 神識總不定. 若夢中頻見異境, 輒不用疑, 皆是自心起故, 不從外來. 夢若見光明出現過於日輪, 卽餘習頓盡, 法界性見. 若有此事, 卽是成道之因, 唯自知, 不可向人說. 或靜園林中, 行住坐臥, 眼見光明, 或大或小, 莫與人說, 亦不得取, 亦是自性光明. 或夜靜暗中, 行住坐臥, 眼見光明, 與晝無異, 不得怪, 並是自心欲明顯. 或夜夢中, 見星月分明, 亦自心諸緣欲息, 亦不得向人說. 夢若昏昏, 猶如陰暗中行, 亦是自心煩惱障重, 亦自知.

11.

若見本性, 不用讀經念佛. 廣學多知無益, 神識轉昏. 設敎只爲標心. 若識心, 何用看敎? 若從凡入聖, 卽須息業養神隨分過日. 若多嗔喜,[90] 令性轉, 與道相違. 自賺無益. 聖人於生死中自在, 出沒隱顯不定. 一切業拘他不得, 聖人破邪魔. 一切衆生但見本性, 餘習頓滅, 神識不昧, 須是直下便會. 只在如今, 欲眞會道, 莫執一切法. 息業養神, 餘習亦盡, 自然明白, 不假用功. 外道不會佛意, 用功最多, 違背聖意. 終日驅驅[91]念佛轉經, 昏於神性, 不免輪廻. 佛是閑人, 何用驅驅[92], 廣求名利? 後時何用? 但不見性人, 讀經念佛, 長學精進, 六時行道, 長學坐不臥,[93] 廣學多聞, 以爲佛法. 此等衆生, 盡是謗佛法人.

---

90) 소실본 嗔恚
91) 소실본 區區
92) 소실본 區區
93) 소실본 長坐不臥

12.

前佛後佛, 只言見性. 諸行無常, 若不見性, 妄言我得阿耨菩提, 此是大罪人. 十大弟子, 阿難多聞中得第一, 於佛無識, 只學多聞.[94] 二乘外道皆無識佛,[95] 識數脩證, 墮在因果中, 是衆生業報,[96] 不免生死. 違背佛意, 卽是謗佛衆生, 殺却無罪過. 經云: '闡提人不生信心.' 殺却無罪過. 若有信心, 此人是佛位人. 若不見性, 卽不用取次. 謗他良善, 自賺無益, 善惡歷然, 因果分明. 天堂地獄, 只在眼前, 愚人不信, 現墮黑暗地獄中, 亦不覺不知. 只緣業重故, 所以不信. 譬如無目人, 不信道有光明. 縱向伊說亦不信, 只緣盲故, 憑何辨得日光? 愚人亦復如是, 見今墮畜生雜類, 誕在貧窮下賤, 求生不得, 求死不得. 雖受是苦, 直問着, 亦言我今快樂不異天堂. 故知一切衆生, 生處爲樂, 亦不覺不知. 如斯惡人, 只緣業障重故, 所以不能發信心者, 不自由他也.

13.

若見自心是佛, 不在剃除鬚髮, 白衣亦是佛. 若不見性, 剃除鬚髮亦是外道."

---

94) 이 부분의 선문촬요본 내용은 '十大弟子 阿難聲聞中得第一 佛無識 只令聲聞'인데, 문장이 어색하여 속장본으로 내용을 대신하였다. 소실본의 내용도 '十大弟子中 阿難多聞第一 於佛無識 只學多聞'이어서 속장본과 같다.
95) 이 부분 역시 선문촬요본 내용은 '二乘外道無識'인데, 문장이 어색하여 속장본으로 내용을 대신하였다. 소실본의 내용도 속장본과 같다.
96) 소실본 是衆生報

問曰: "白衣有妻子, 婬慾不除, 憑何得成佛?"

答曰: "只言見性, 不言婬慾. 只爲不見性, 但得見性, 婬慾本來空寂, 不假斷除,[97] 亦不樂着. 縱有餘習, 不能爲害.[98] 何以故? 性本淸淨故. 雖處在五蘊色身中, 其性本來淸淨, 染汚不得. 法身本來無受, 無飢無渴, 無寒熱, 無病, 無恩愛, 無眷屬, 無苦樂, 無好惡, 無長短, 無强弱, 本來無有一物可得. 只緣執有此色身因,[99] 卽有飢渴寒熱瘴病等相.

若不執, 卽一任作.[100] 若[101]於生死中得自在, 轉一切法, 與聖人神通自在無礙, 無處不安. 若心有疑, 決定透一切境界不過. 不作最好. 作了不免輪廻生死. 若見性, 旃陀羅亦得成佛."

問曰: "旃陀羅殺生作業, 如何得成佛?"

答曰: "只言見性, 不言作業. 縱作業不同迷人,[102] 一切業拘他[103]不得. 從無始曠大劫來, 只爲不見性, 墮地獄中. 所以作業輪廻生死. 從悟得本性, 終不作業. 若不見性, 念佛免報不得, 非論殺生命. 若見性, 疑心頓除, 殺生命亦不奈他何.

---

97) 속장본 自爾斷除

98) 소실본에는 '縱有餘習 不能爲害'가 없다.

99) 선문촬요본은 '只緣有此色身因'이지만, 속장본과 소실본은 모두 '只緣執有此色身因'이다. 문맥의 흐름 상 속장본과 소실본을 따른다.

100) 선문촬요본에는 '若不賺卽一任作'이라고 되어 있으나, 속장본은 '若不執卽一任作', 소실본은 '若不執卽一任作爲'라고 되어 있어서, 문맥에 따라 속장본을 따른다.

101) 소실본에는 '若'이 없음.

102) 속장본과 소실본에는 '迷人'이 없다.

103) 속장본에는 '他'가 없다.

14.

　自$^{104)}$西天二十八祖, 只是遞傳心印, 吾今來此土, 唯傳頓教大乘卽心是佛,$^{105)}$ 不言戒施精進苦行. 乃至入水火登於劍輪, 一食$^{106)}$長坐不臥, 盡是外道有爲法. 若識得施爲運動靈覺之性, 汝$^{107)}$卽諸佛心. 前佛後佛只言傳心, 更無別法. 若識此法, 凡間$^{108)}$一字不識亦是佛, 若不識自己靈覺之性, 假使身破如微塵 覓佛終不得也. 佛者亦名法身, 亦名佛心.$^{109)}$ 此心無形相, 無因果, 無筋骨, 猶如虛空, 取不得, 不同質界, 不同外道. 此心, 唯如來$^{110)}$一人能會, 其餘衆生迷人不明了.

15.

　此心不離四大色身中. 若離此心, 卽無能運動. 是身無知, 如草木瓦礫, 身是無情, 因何運動? 若自心動, 乃至語言施爲運動, 見聞覺知, 皆是動心動用.$^{111)}$ 動是心動,$^{112)}$ 動卽其用. 動用外無心,$^{113)}$ 心外無動. 動不是心, 心不是動. 動本無心, 心本無動. 動不離心, 心不離動. 動無心離, 心無

---

104) 소실본에는 없다.
105) 소실본에는 '唯傳一心'이라는 한 구절만 있다.
106) 소실본 一食卯齋
107) 소실본에는 '汝'가 없다.
108) 속장본, 소실본 凡夫
109) 속장본, 소실본 本心
110) 속장본, 소실본 除如來
111) 소실본 皆是心動
112) 소실본 心動用動
113) 소실본 動外無心

動離.[114] 動是心用, 用是心動. 動卽心用, 用卽心動, 不動不用.[115] 用體本空, 空本無動. 動用同心, 心本無動. 故經云: '動而無所動.' 終日去來而未曾去來, 終日見而未曾見, 終日笑而未曾笑, 終日聞而未曾聞, 終日知而未曾知, 終日喜而未曾喜, 終日行而未曾行, 終日住而未曾住.[116] 故經云: '言語道斷, 心行處滅.' 見聞覺知, 本自圓寂. 乃至嗔喜痛痒, 何異木人? 只緣推尋痛痒不可得. 故經云: '惡業卽得苦報, 善業有善報. 不但嗔墮地獄, 喜卽生天.' 若知嗔喜性空, 但不執, 卽業脫.[117] 若不見性, 講經,[118] 決無憑. 說亦無盡, 略標邪正如是, 不及一二也."

16.

頌曰:[119]

---

114) 선문촬요본에는 '無心離離 無心動動'라고 되어 있지만, 속장본과 소실본은 모두 '動無心離 心無動離'라고 되어 있다. 문맥으로 보아 속장본과 소실본이 알맞으므로, 이 구절은 속장본으로 고쳤다.

115) 이 구절은 다음과 같이 속장본과 소실본은 같고, 선문촬요본은 다르다. 여기에서는 속장본을 따랐다. 動是心用 用是心動 卽動卽用 不動不用(소실본), 動是心用 用是心動 動卽心用 用卽心動 不動不用(속장본), 是心用用 是心動動 卽心用用 卽心動動 用卽心用 不動不用(선문촬요본)

116) 소실본과 속장본은 다음과 같다 : 是故終日見而未曾見 終日聞而未曾聞 終日覺而未曾覺 終日知而未曾知 終日行坐而未曾行坐 終日嗔喜而未曾嗔喜(소실본), 終日去來而未曾去 終日見而未曾見 終日笑而未曾笑 終日聞而未曾聞 終日知而未曾知 終日喜而未曾喜 終日行而未曾行 終日住而未曾住(속장본)

117) 소실본 卽諸業脫

118) 소실본 誦經

"心心心難可尋,

寬時遍法界,

窄也不容鍼.

我本求心不求佛,

了知三界空無物.

若欲求佛但求心,

只這心心心是佛.

我本求心心自持,

求心不得待心知.

佛性不從心外得,

心生便是罪生時."

17.

偈曰:

"吾本來此土,

傳法救迷情.

---

119) 소실본에는 이 게송이 없다. 속장본의 게송은 다음과 같이 선문촬요본의 게송과는 몇 글자가 다르다. 心心心難可尋/ 寬時遍法界/ 窄也不容針/ 我本求心不求佛/ 了知三界空無物 /若欲求佛但求心/ 只這心這心是佛 /我本求心心自持 /求心不得待心知 /佛性不從心外得 /心生便是罪生時(속장본)

一華開五葉,

結果自然成."120)

血脈論終

---

120) 소실본에는 이 아래에 다음과 같은 사구게(四句偈)가 더 있다 : 강에 뜬 뗏목은 아름다운 물결을 가르고, 횃불을 들고서 자물쇠를 연다. 다섯 식구가 서로 함께 살아가니, 구십이 되도록 너나가 없구나.(江槎分玉浪 /管炬開金鎖 /五口相共行 /九十無彼我)

오성론

悟　性　論

오성론

1.

도(道)[121]는 적멸(寂滅)[122]을 바탕으로 삼고, 닦음[123]은 모습을 벗어나는 것을 근본으로 삼는다.

그러므로 경전에서 말했다. "적멸이 보리(菩提)[124]이니, 온갖 모습을 없애기 때문이다."[125]

---

121) 도(道) : ①깨달음. 보리(菩提). 범어 bodhi의 번역. ②깨달음의 길. 팔정도(八正道). 도제(道諦). mārga의 번역.
122) 적멸(寂滅) : 고요히 사라짐. 열반(涅槃; nirvāṇa)을 번역한 말. 분별망상(分別妄想)인 번뇌가 모두 소멸하여 이법(二法)의 시끄러운 갈등이 없는 고요한 불이중도(不二中道).
123) 수(修) : 행하다. 실천하다. 익히다. 닦다. 수행하다.
124) 보리(菩提) : bodhi. 도(道)·지(智)·각(覺)이라 번역. 2개의 뜻이 있다. ①불교 최고의 이상(理想)인 부처님의 정각(正覺)의 지혜. 곧 불과(佛果). ②부처님의 정각의 지혜를 얻기 위하여 닦는 도(道). 곧 불과에 이르는 길.
125) 『유마힐소설경』「보살품 제4」에 나오는 구절.

2.

불(佛)은 깨달음이다.

사람이 마음을 깨달아 깨달음의 길을 얻기 때문에, 불(佛)이 된다고 말한다.

경에서 말했다. "모든 모습을 벗어난다면, 모든 부처라고 일컫는다."[126]

그러므로 모습 있는 것은 곧 모습 없는 모습이니, 육체의 눈을 가지고는 볼 수 없고, 오직 지혜로써만 알 수 있을 뿐임을 알아야 한다.

3.

만약 이 법문을 듣고서 한 순간에 믿는 마음을 낸다면, 이 사람은 큰 수레를 출발시켜 삼계(三界)를 뛰어넘는 것이다.

삼계란 탐내고·성내고·어리석은 것이다.

탐냄·성냄·어리석음을 되돌려 계율·선정·지혜로 만든다면, 삼계를 뛰어넘는다고 한다.

그러나 탐냄·성냄·어리석음 역시 진실한 자성(自性)은 없고, 다만 중생에 의탁하여 말한 것이다.

비춤을 돌이켜 또렷이 볼 수 있다면, 탐냄·성냄·어리석음의 본성(本性)은 곧 불성(佛性)이고, 탐냄·성냄·어리석음 밖에 다시 다른 불성은 없다.

---

[126] 구마라집(鳩摩羅什)이 번역한 『금강반야바라밀경』 즉 『금강경』에 나오는 구절.

경전에서 말했다. "모든 부처님은 본래부터 늘 삼독(三毒)에 머물면서 깨끗한 법을 키워서 세존(世尊)이 된다."[127]

삼독(三毒)이란 탐냄과 성냄과 어리석음이다.

4.

대승(大乘)이니 최상승(最上乘)이니 하는 것은 모두 보살이 가는 길이다.

수레를 타지 않음이 없고 또한 수레를 타는 일도 없어서, 하루 종일 수레를 타면서도 일찍이 수레를 탄 적이 없다면, 이것은 불승(佛乘)이다.

경전에서 말했다. "수레가 없는 것이 부처의 수레이다."[128]

5.

만약 사람이 육근(六根)은 진실이 아니고 오온(五蘊)은 가짜 이

---

127) 어떤 경전의 구절인지 알 수 없다.
128) 『대승입능가경(大乘入楞伽經)』 제2권 게송에 "천승(天乘)과 범승(梵僧), 성문승(聲聞乘)과 연각승(緣覺乘)/ 모든 불승(佛乘)과 여래승(如來乘), 온갖 수레(승(乘))를 나는 말하지만/ 일어나는 마음이 있다면, 어떤 수레도 아직 마지막 진실이 아니다./ 그 마음이 사라지고 나면, 수레도 그 수레를 타는 사람도 없다./ 만들 수레가 없음을 일러, 나는 한 수레(일승(一乘))라고 한다./ 어리석은 범부를 이끌려 하기 때문에, 여러 차별되는 승을 말하는 것이다."(天乘及梵乘, 聲聞緣覺乘/ 諸佛如來乘, 諸乘我所說/ 乃至有心起, 諸乘未究竟./ 彼心轉滅已, 無乘及乘者./ 無有乘建立, 我說爲一乘./ 爲攝愚夫故, 說諸乘差別.)라는 구절이 있다.

름이어서 온몸으로 그것을 구하여도 결코 정해진 곳이 없음을 안다면, 이 사람은 부처님의 말씀을 이해한다고 인정해야 한다.

경전에서 말했다. "오온(五蘊)이 사는 집을 일러 선원(禪院)이라 하니, 안으로 비추어서 깨닫는다면[129] 대승(大乘)의 문(門)이다."[130]

6.

어떤 법도 기억하지 않는 것을 일러 선정(禪定)이라고 한다.

만약 이 말을 깨닫는다면, 가고 · 머물고 · 앉고 · 눕는 행위가 모두 선정일 것이다.

7.

마음이 공(空)임을 아는 것을 일러 부처를 본다고 한다.

왜 그런가?

온 우주의 모든 부처는 전부 마음이 없기 때문에 마음을 보지 않으니, 일컬어 부처를 본다고 하는 것이다.

8.

마음을 내버리고 아까워하지 않는 것을 일러 큰 보시(布施)라

---

129) 개해(開解) : 진리를 깨달아 이해가 열리는 것. 깨닫는 것. 교가(敎家)에서는 개해(開解)라 하고, 선가(禪家)에서는 개오(開悟)라 함.
130) 『종경록』 제2권에 의하면 이 구절은 『선요경(禪要經)』의 구절이라고 하나, 현재 남아 있는 『선요경』에서 이런 구절은 확인할 수 없다.

한다.

9.

모든 움직임과 고요함을 벗어난 것을 일러 큰 좌선(坐禪)이라 한다.

왜 그런가?

범부는 한결같이 움직이고, 소승(小乘)은 한결같이 고요히 안정되어 있으니, 범부와 소승을 벗어난 좌선을 일러 큰 좌선이라고 하기 때문이다.

만약 이렇게 이해한다면, 모든 모습은 버리지 않아도 저절로 사라지고, 온갖 병들은 치료하지 않아도 저절로 치유되니, 이것은 모두 큰 선정(禪定)의 힘이다.

10.

무릇 마음을 가지고 법을 구하면 미혹하게 되고, 마음을 가지지 않고 법을 구하면 깨닫게 된다.

문자(文字)에 집착하지 않는 것을 일러 해탈(解脫)이라 하고, 육경(六境)에 물들지 않는 것을 일러 호법(護法)이라 하고, 삶과 죽음에서 벗어난 것을 일러 출가(出家)라 하고, 후유(後有)를 받지 않는 것을 일러 득도(得道)라 하고, 망상(妄想)을 일으키지 않는 것을 일러 열반(涅槃)이라 하고, 무명(無明)에 머물지 않는 것이 큰 지혜인데 번뇌가 없는 곳을 일러 반열반(般涅槃)이라 한다.

11.
마음의 모습이 없는 곳을 일러 피안(彼岸)이라 한다.
어리석을 때에는 차안(此岸)이 있지만, 깨달을 때에는 차안이 없다.
무슨 까닭인가?
범부가 한결같이 여기에 머물기 때문이다.
만약 최상승(最上乘)을 깨닫는다면, 마음은 여기에 머물지 않고 또한 저기에도 머물지 않는다.
그러므로 차안과 피안에서 벗어날 수 있다.
만약 피안이 차안과 다르다고 본다면, 이 사람의 마음에는 이미 선정(禪定)이 없다.

12.
번뇌를 일러 중생이라 하고 깨달음[131]을 일러 보리(菩提)라 하니, 또한 같지도 않고 다르지도 않고 다만 그렇게 어리석음과 깨달음으로 나누어질 뿐이다.
어리석을 때에는 벗어날 세간이 있고, 깨달을 때에는 벗어날 세간이 없다.

---

131) 오해(悟解) : 깨달아 아는 것. 깨달음.

13.

평등한 법 속에서는 범부가 성인과 다르다고 보지 않는다.

경전에서 말했다. "평등한 법이란, 범부가 들어갈 수 없고, 성인이 갈 수 없는 것이다. 평등한 법이란, 오직 대보살만이 모든 불여래(佛如來)와 함께 간다."[132]

만약 삶이 죽음과 다르다고 보고 움직임이 고요함과 다르다고 본다면, 모두 평등하지 않다고 일컫는다. 번뇌가 열반과 다르다고 보지 않는 것을 일러 평등하다고 한다.

무슨 까닭인가?

번뇌와 열반은 함께 한결같이 자성(自性)이 공(空)이기 때문이다.

그러므로 소승의 사람은 망령되이 번뇌를 끊고 망령되이 열반에 들어가니, 열반에 빠져 사로잡히게 된다.

보살이 번뇌의 자성이 공(空)임을 안다면 공을 떠나지 않으니, 그 까닭에 늘 열반에 머무는 것이다.

14.

열반(涅槃)이란, 열(涅)이나 삶이 아니고 반(槃)이나 죽음이 아니다.

삶에서도 죽음에서도 벗어나는 것을 일러 반열반(般涅槃)이라 하니, 마음에 오고 감이 없으면, 열반에 들어간다.

---

132) 어느 경전의 구절인지 찾을 수 없다.

그러므로 열반이란 곧 텅 빈 마음임을 알아야 한다.

모든 부처가 열반에 들어간다는 것은[133] 곧 망상이 없는 곳이다.

15.

보살이 도량(道場)에 들어간다는 것은 곧 번뇌가 없는 곳이다.

텅 비고 한가한 곳이라는 것은 곧 탐냄ㆍ성냄ㆍ어리석음이 없는 것이다.

탐냄은 욕계(欲界)가 되고, 성냄은 색계(色界)가 되고, 어리석음은 무색계(無色界)가 된다.

만약 한 순간 마음이 일어나면, 삼계(三界)에 들어간다.

만약 한 순간 마음이 사라지면, 삼계에서 벗어난다.

그러므로 삼계의 생겨나고 사라짐과 만법이 있고 없음은 모두 한 개 마음에서 말미암음을 알아야 한다.

16.

무릇 한 마음이라고 하는 것은 기와ㆍ돌ㆍ대나무 등 무생물들을 부수는 것과 같다.

만약 마음이 가명(假名)이고 실체가 없음을 안다면, 자기의[134] 마음은 있는 것도 아니고 없는 것도 아님을 알 것이다.

---

133) 즉시(卽是) : 계사(繫辭). –이다. (다른 것이 아니라)바로 –이다.
134) 『만속장』본에 따라 번역한다.

범부는 한결같이 마음을 일으키니 있다고 하고, 소승은 한결같이 마음을 없애니 없다고 한다.

보살과 부처는 마음을 일으킨 적도 없고 마음을 없앤 적도 없으니, 있는 것도 아니고 없는 것도 아닌 마음이라고 한다.

있는 것도 아니고 없는 것도 아닌 마음을 일러 중도(中道)라고 한다.

그러므로 마음을 가지고 법을 배우면 마음과 법이 모두 어리석게 되고, 마음을 가지지 않고 법을 배우면 마음과 법이 모두 깨달음이 됨을 알아야 한다.

17.

무릇 어리석음은 깨달음에 대하여 어리석음이고, 깨달음은 어리석음에 대하여 깨달음이다.

올바르게 보는 사람이 마음이 공(空)이고 없음을 안다면, 어리석음과 깨달음에서 벗어난다.

어리석음도 깨달음도 없는 것을 일러 비로소 바르게 알고 바르게 본다고 한다.

18.

색(色)은 스스로 색이 아니라 마음 때문에 색이고, 마음은 스스로 마음이 아니라 색 때문에 마음이다.

그러므로 마음과 색의 두 모습에 모두 생겨남과 사라짐이 있음을 알아야 한다.

19.

있음은 없음에 대하여 있고, 없음은 있음에 대하여 없으니, 이것을 일러 참되이 본다고 한다.

무릇 참으로 보는 것이란, 보지 않는 것도 없고 보는 것도 없으며, 온 우주를 다 보면서도 아직 아무것도 본 적이 없는 것이다.

무슨 까닭인가?

보는 것이 없는 까닭이고, 보면서도 보는 것이 없는 까닭이고, 보면서도 보지 않는 까닭이다.

20.

범부가 보는 것을 모두 일러 망상(妄想)이라고 한다.

만약 고요히 사라져 보는 일이 없으면, 비로소 참되이 본다고 한다.

마음과 경계가 서로 대응하니, 보는 일이 그 가운데에서 생긴다.

만약 안으로 마음을 일으키지 않으면, 밖으로 경계가 생겨나지 않는다.

그러므로 마음과 경계가 모두 깨끗하면 일러 참되이 본다고 한다.

이렇게 이해할 때를 일러 바르게 본다고 한다.

21.
어떤 법도 보지 않는 것을 일러 도(道)를 얻는다고 하고, 어떤 법도 알지 못하는 것을 일러 법을 안다고 한다.

무슨 까닭인가?

보는 것과 보지 않는 것이 모두 보지 않는 것이기 때문이고, 아는 것과 알지 못하는 것이 모두 알지 못하는 것이기 때문이다.

봄이 없이 보는 것을 일러 참되이 본다고 하고, 앎이 없이 아는 것을 일러 참되이 안다고 한다.

22.
무릇 참되이 본다는 것이란, 보이는 것을 곧장 보는 것이 아니라, 보이지 않는 것을 보는 것이다.

참되이 안다는 것이란, 알려지는 것을 곧장 아는 것이 아니라, 알려지지 않는 것을 아는 것이다.

무릇 아는 것이 있으면 모두 아는 것이 아니라고 하고, 아는 것이 없는 것을 비로소 일러 참되이 안다고 한다.

아는 것과 알지 않는 것이 모두 아는 것이 아니다.

경전에서 말했다. "지혜를 버리지 않는 것을 일러 어리석음이라고 한다."[135]

---

[135] 어떤 경전의 구절인지 알 수 없다.

23.

　마음을 공(空)이라 여기면 아는 것과 알지 못하는 것이 모두 참되고, 마음을 있다고 여기면 아는 것과 알지 못하는 것이 모두 헛되다.

　알 때에는 법이 사람을 따르고, 알지 못할 때에는 사람이 법을 따른다.

　법이 사람을 따르면 법 아닌 것이 법이 되고, 사람이 법을 따르면 법이 법 아닌 것이 된다.

　사람이 법을 따르면 법이 모두 허망하고, 법이 사람을 따르면 법이 모두 참되다.

24.

　이 까닭에 성인(聖人)은 마음을 가지고 법을 구하지도 않고, 법을 가지고 마음을 구하지도 않고, 마음을 가지고 마음을 구하지도 않고, 법을 가지고 법을 구하지도 않는다.

　그러므로 마음이 법을 만들지 않고 법이 마음을 만들지 않아서, 마음과 법이 둘 다 고요한 까닭에 늘 선정(禪定)에 머물러 있다.

　중생의 마음이 생겨나면 부처의 법은 사라지고, 중생의 마음이 사라지면 부처의 법이 생겨난다.

　마음이 생기면 참된 법은 사라지고, 마음이 사라지면 참된 법이 생긴다.

25.

모든 법이 각각 서로에게 속하지 않음을 이미 안다면, 이를 일러 도를 얻은 사람이라 한다.

마음은 어떤 법에도 속하지 않음을 안다면, 이 사람은 늘 도량(道場)에 머물러 있다.

어리석을 때는 죄가 있지만, 깨달을 때는 죄가 없다.

무슨 까닭인가?

죄의 자성은 공(空)이기 때문이다.

어리석을 때는 죄가 없는데도 죄를 보고, 깨달을 때는 죄가 있어도 죄가 없다.

무슨 까닭인가?

죄에는 처소(處所)가 없기 때문이다.

경전에서 말했다. "모든 법에는 자성이 없다."[136]

26.

참되게 쓸 뿐, 의심하지 마라.

의심하면 죄가 이루어진다.

무슨 까닭인가?

죄는 의혹(疑惑)으로 말미암아 생기기 때문이다.

만약 이렇게 이해한다면, 전생의 죄업이 곧 소멸할 것이다.

---

136) 『대반야경』 등 여러 경전에 등장하는 구절.

어리석을 때는 육식(六識)과 오온(五蘊)이 모두 번뇌이니 생사법(生死法)[137]이지만, 깨달을 때는 육식과 오온이 모두 열반이니 생사법이 없다.

27.

도(道)를 닦는 사람은 밖에서 도를 구하지 않는다.
무슨 까닭인가?
마음이 곧 도임을 알기 때문이다.
마음을 얻었을 때는 얻을 수 있는 마음이 없다.
도를 얻었을 때는 얻을 수 있는 도가 없다.
만약 마음을 가지고 도를 구하여 얻었다고 한다면, 모두 삿된 견해이다.
어리석을 때는 부처도 있고 법도 있으나, 깨달으면 부처도 없고 법도 없다.

---

137) 생사법(生死法) : =생사심(生死心). 분별과 차별 속에서 취하고 버리고 조작하는 중생의 분별심(分別心). 『사가어록(四家語錄)』「강서마조도일선사어록(江西馬祖道一禪師語錄)」에서 말하기를, "도(道)는 닦을 필요가 없으니, 단지 오염되지만 말라. 무엇이 오염인가? 생사심(生死心)이 있기만 하면 조작하고 쫓아다니니, 이들이 모두 오염이다. 만약 곧장 도를 깨닫고자 한다면, 평상심(平常心)이 곧 도이다. 무엇을 일러 평상심이라 하는가? 조작이 없고, 옳고 그름을 따짐이 없고, 취하고 버림이 없고, 단절(斷絕)과 항상(恒常)이 없고, 범부와 성인이 없는 것이다."(道不用脩, 但莫汚染. 何爲汚染? 但有生死心, 造作趣向, 皆是汚染. 若欲直會其道, 平常心是道. 何謂平常心? 無造作, 無是非, 無取捨, 無斷常, 無凡無聖.)라고 하였다.

무슨 까닭인가?

깨달음이 곧 부처요 법이기 때문이다.

28.

무릇 도를 닦는 자는 자신이 사라져야 도가 이루어지니, 마치 씨앗의 껍질이 터지고 나무의 싹이 나오는[138] 것과 같다.

이 업보(業報)[139]의 몸은 순간순간 덧없으며 하나로 정해진 법은 없다.

다만 순간순간 닦을 뿐, 삶과 죽음을 싫어하지도 말고 삶과 죽음을 좋아하지도 말아야 한다.

다만 순간순간 속에서 전혀 망상(妄想)을 하지 않으면, 살아서는 유여열반(有餘涅槃)[140]을 증득(證得)할 것이고, 죽어서는 무생법인(無生法忍)[141]에 들어갈 것이다.

---

138) 갑탁수생(甲拆樹生) : =갑탁수생(甲坼樹生). 식물 씨앗의 껍질이 터지고 싹이 나오다.

139) 업보(業報) : 선악의 업이 원인이 되어서 나타나는 결과인 과보(果報).

140) 유여열반(有餘涅槃) : 유여의열반(有餘依涅槃)의 준말. 살아 있을 때 얻는 열반. 육체에 의지한다는 일이 남아 있으므로 유여의열반이라 한다.

141) 무생법인(無生法忍) : 불생법인(不生法忍), 불기법인(不起法忍)이라고도 함. 인(忍)은 인(認)과 같이 인정하고 수용한다는 뜻이니, 법인(法忍)은 법을 인정하고 수용하여 의심하지 않는 것. 『유마경(維摩經)』 중권(中卷) 「입불이법문품(入不二法門品)」 제9에 "생멸(生滅)은 이법(二法)이지만, 법(法)은 본래 생하지 않는 것이어서 지금 멸하지도 않습니다. 이러한 무생법인(無生法忍)을 얻는 것이 바로 불이법문(不二法門)에 들어가는 것입니다."(生滅爲二. 法本不生今則無滅. 得此

29.

눈으로 색깔을 볼 때는 색깔에 물들지 않고, 귀로 소리를 들을 때는 소리에 물들지 않으면, 모두가 해탈이다.

눈이 색깔에 들러붙지 않으면 눈이 선문(禪門)이고, 귀가 소리에 들러붙지 않으면 귀가 선문이다.

번뇌에 얽매여 있지 않은 것을 일러 해탈이라고 하니 다시 다른 해탈은 없다.

색을 잘 관찰한다는 것이란, 색이 마음을 일으키지 않고 마음이 색을 일으키지 않는 것이니, 그렇다면 색과 마음이 모두 깨끗하다.

30.

망상이 없을 때는 하나의 마음이 곧 하나의 불국토이고, 망상이 있을 때는 하나의 마음이 곧 하나의 지옥이다.

중생은 망상을 조작해 내고 마음을 가지고 마음을 일으키는 까닭에 늘 지옥에 머물러 있다.

보살은 망상을 관찰하여 마음을 가지고 마음을 일으키지 않기 때문에 늘 불국토에 머물러 있다.

만약 마음을 가지고 마음을 일으키지 않는다면, 마음과 마음이

無生法忍, 是爲入不二法門.)라 하고 있다. 무생법인(無生法忍)은 불생불멸(不生不滅)하는 법(法), 즉 생겨나거나 소멸함이 없는 법을 인정하고 의심없이 수용한다는 뜻이다.

공(空)으로 들어가고 순간순간이 고요함으로 돌아가 불국토에서 불국토로 다닐 것이다.

만약 마음을 가지고 마음을 일으킨다면, 마음과 마음이 고요하지 못하고 순간순간이 움직임으로 돌아가 지옥에서 지옥으로 떠돌 것이다.

31.

만약 한 순간 마음이 일어나면, 선(善)과 악(惡)이라는 두 업(業)이 있어서 천당과 지옥이 있을 것이다.

만약 한 순간 마음이 일어나지 않으면, 선과 악이라는 두 업이 없고 또 천당과 지옥도 없을 것이다.

있음도 아니고 없음도 아님을 체험하는 일이, 범부에게는 있을 것이고 성인에게는 없을 것이다.

성인에게는 그러한 마음이 없으므로 가슴이 텅 비어 하늘처럼 끝이 없다.

32.

마음이 열반을 얻을 때는 열반이 있음을 보지 못한다.

무슨 까닭인가?

마음이 곧 열반이기 때문이다.

만약 마음 밖에서 다시 열반을 본다면, 이것을 일컬어 삿된 견해에 집착한다고 한다.

33.
모든 번뇌는 여래(如來)의 씨앗이 되니, 번뇌로 말미암아 지혜를 얻기 때문이다.
다만 번뇌가 여래를 낳는다고 말할 수 있을 뿐, 번뇌가 곧 여래라고 말할 수는 없다.
그러므로 몸과 마음은 밭이고, 번뇌는 씨앗이고, 지혜는 싹이고, 여래는 곡물과 같다.

34.
부처는 마음 속에 있으니, 마치 향기가 향나무 속에 있는 것과 같다.
번뇌가 사라지고 나면, 부처가 마음에서 나타난다.
썩은 목질이 사라지고 나면 향기가 나무에서 나오니, 나무 밖에 향기가 따로 있는 것은 아님을 알 수 있다.
마찬가지로 마음 밖에는 부처가 없다.
만약 나무 밖에 향기가 따로 있다면, 그것은 다른 향기이다.
마음 밖에 부처가 따로 있다면, 그것은 다른 부처이다.

35.
마음 속에 삼독(三毒)이 있는 것을 일컬어 불국토가 더럽다고 하고, 마음 속에 삼독이 없는 것을 일컬어 불국토가 깨끗하다고 한다.

경전에서 말했다. "만약 불국토를 깨끗하지 않은 더러움으로 가득 차게 한다면, 어떤 부처님도 그 속에서 나타나는 일이 없을 것이다."[142]

깨끗하지 않은 더러움이란 곧 무명(無明)의 삼독(三毒)이다.

모든 부처님이란 곧 깨끗한 깨달음의 마음이다.

36.

모든 말은 불법(佛法) 아님이 없다.

그 말이 없다면, 하루 종일 말하는 것이 모두 도(道)이다.

그 말이 있다면, 하루 종일 침묵하여도 모두 도가 아니다.

이 까닭에 여래의 말은 침묵을 이용하지 않고 여래의 침묵은 말을 이용하지 않으니, 말과 침묵이 서로 다르지 않다.

---

[142] 『설무구칭경(說無垢稱經)』제1권 「서품(序品) 제1」에 다음의 내용이 있다 : 세존께서 사리자에게 말씀하셨다. "나의 불국토는 늘 이와 같이 깨끗하지만, 못난 중생의 지혜를 성숙시키기 위해 헤아릴 수 없는 허물이 있는 더러운 땅을 드러내는 것일 뿐이다. 사리자여, 비유하면 삼십삼천(三十三天)이 모두 보배 그릇으로 밥을 먹지만, 그 업을 따라서 그 먹는 음식이 달라지는 것과 같다. 이와 같이 사리자여, 헤아릴 수 없는 중생들이 하나의 불국토에 태어나지만, 그 마음의 깨끗하고 더러움을 따라 그 보이는 것들이 달라진다. 만약 사람의 마음이 깨끗하면, 곧 이 땅이 헤아릴 수 없는 공덕과 묘한 보배로써 꾸며져 있음을 볼 것이고, 부처님도 이 아름답고 깨끗한 땅에 나타나실 것이다."(告舍利子:"我佛國土常淨若此, 爲欲成熟下劣有情, 是故示現無量過失雜穢土耳. 舍利子, 譬如三十三天共寶器食, 隨業所招其食有異. 如是, 舍利子, 無量有情生一佛土, 隨心淨穢所見有異. 若人心淨, 便見此土無量功德妙寶莊嚴, 當佛現此嚴淨土.")

이러한 말과 침묵을 깨달으면, 늘 삼매(三昧)에 머문다.

만약 때를 알고 말을 하면, 말을 하는 것 역시 해탈이다.

만약 때를 알지 못하고 침묵하면, 침묵하는 것 역시 얽매인[143] 것이다.

이 까닭에 말이 모습에서 벗어나 있다면 말하여도 역시 해탈이라고 하고, 침묵이 모습에 얽매여 있다면 침묵하는 것이 곧 얽매인 것이다.

무릇 문자(文字)라는 것은 그 본성(本性)이 해탈이다.

문자가 얽매임으로 다가갈 수는 없고, 얽매임이 스스로 문자로 다가가는 것이다.[144]

37.

법에는 높고 낮음이 없으니, 만약 높고 낮음을 본다면, 잘못된 법이다.

잘못된 법은 뗏목이 되고, 올바른 법은 사람이 된다.

뗏목이란, 사람이 그 뗏목을 타는 것이니, 그렇게 하여 잘못된 법을 건너가면 올바른 법이다.

만약 세속의 일로써 말한다면 남자와 여자와 귀함과 천함이 있

---

143) 계박(繫縛) : ①몸과 마음을 얽어 묶음. 속박하여 자유롭지 못하게 하는 것. ② 번뇌의 다른 이름. 번뇌는 마음과 몸을 속박하므로 이같이 말함.
144) 문자가 스스로 번뇌가 되는 것이 아니라, 번뇌에 얽매인 마음이 문자에 집착함으로써 문자가 번뇌가 되는 것이다.

고, 도(道)로써 말한다면 남자도 여자도 귀함도 천함도 없다.

이 까닭에 천녀(天女)가 도(道)를 깨닫고는 여자의 모습을 바꾸지 않은 것이다.[145]

찬다카[146]가 진리를 깨달았으나, 어찌 자기의 본래 천한 이름을 바꾸었는가?

이렇게 남녀와 귀천의 구분을 잘못되었다고 여기는 까닭은, 그러한 구분이 모두 하나의 모습에 집착하는 것이기 때문이다.

천녀는 12년 동안 여자의 모습을 찾았으나 찾을 수 없었으니,

---

145) 『유마경』「관중생품(觀衆生品)」에 나오는 이야기. 일부분 인용하면 다음과 같다 : 그때 사리자가 천녀에게 물었다. "당신은 지금 어찌하여 이러한 여인(女人)의 몸을 바꾸지 않습니까?" 천녀가 대답했다. "저는 이 방에 머문 12년 동안 여인의 자성(自性)을 찾았지만 전혀 찾을 수 없었습니다. 그런데 무엇을 바꾸어야 합니까? 여보세요, 사리자시여. 비유하면 마술사가 마술로써 환상의 여인을 만드는 것과 같은데, 만약 '당신은 지금 어찌하여 이러한 여인의 몸을 바꾸지 않습니까?' 하고 묻는다면, 올바르게 묻는 것입니까?" 사리자가 말했다. "아닙니다, 천녀시여. 환상은 이미 진실(眞實)이 아닌데, 무엇을 바꾸어야 하겠습니까?" 천녀가 말했다. "이와 같이 모든 법의 자성과 모습은 모두 진실이 아니고, 마치 환상으로 생겨난 것과 같습니다. 그런데 어찌하여 여인의 몸을 바꾸지 않느냐고 묻는 것입니까?"(『설무구칭경』「제7 관유정품」)

146) 차닉(車匿) : =찬다카. Chandaka. 천탁가(闡鐸迦)라고도 한역(漢譯). 싯달타 태자가 성을 떠나 고행(苦行)의 첫 길을 떠날 때에 백마 건척을 끌던 마부의 이름. 뒤에 출가하여 부처님 제자가 되었으나, 말버릇이 나쁜 성미는 고치지 못하여 악구(惡口) 차닉, 악성(惡聲) 차닉이라 불림. 부처님이 입멸하실 때에 아난에게 분부하여 묵빈법(默擯法)으로 대치(對治)하라고, 즉 죄를 범한 비구와는 더불어 말하지 않음으로써 그를 훈계하라고 한 것은 이 차닉을 말한 것. 나중에는 드디어 아라한과를 증득함.

12년 동안 남자의 모습을 찾아도 찾을 수 없다는 것도 알 수 있다.

여기에서 12년이란 곧 십이처(十二處)¹⁴⁷⁾이다.

38.

마음을 떠나서 부처는 없고, 부처를 떠나 마음은 없다.

마치 물을 떠나서 얼음이 없고 얼음을 떠나서 물이 따로 없는 것과 같다.

마음을 떠나서 부처가 없다는 말은, 마음에서 멀리 떠난다는 것이 아니라, 다만 마음이라는 모습에 집착하지 말라는 것이다.

경전에서 말하기를, "모습을 보지 않는 것을 일러 부처를 본다고 한다."¹⁴⁸⁾고 하였으니, 이것이 곧 마음의 모습을 떠난다는 말이다.

부처를 떠나서 마음이 없다는 것은, 부처가 마음에서 나타나니 마음이 부처를 만들 수 있다는 말이다.

그러나 부처가 마음에서 나타나지만, 부처가 마음을 만든 적은 없다.

---

147) 십이입(十二入) : =십이처(十二處). 6근(根)과 그 대상인 6경(境). 지각 기관인 안이비설신의(眼耳鼻舌身意)의 육근(六根)과 각 지각 기관의 지각 대상인 색성향미촉법(色聲香味觸法)의 육경(六境). 이 6근과 6경이 접촉하여 온갖 정신 작용이 일어남.

148) 『자재왕보살경(自在王菩薩經)』 상권(上卷)에 "색의 모습으로써 보지 않는 까닭에 부처를 본다고 일컫는다."(不以色相見故, 名爲見佛.)라는 구절이 있다.

마치 물고기가 물에서 생겨나고 물이 물고기에서 생겨나지 않는 것과 같다.

물고기를 보려고 하면 물고기를 보기 전에 먼저 물을 보아야 하듯이, 부처를 보고자 하면 부처를 보기 전에 먼저 마음을 보아야 한다.

그러므로 물고기를 보았으면 물을 잊어야 하는 것처럼, 부처를 보았으면 마음을 잊어야 함도 알겠다.

만약 마음을 잊지 않는다면 도리어 마음에게 속으니, 만약 물을 잊지 않는다면 도리어 물에게 속아서 (물고기를 놓치고) 헤매는 것과 같다.

39.

중생과 깨달음[149] 역시 마치 물과 얼음의 관계와 같다.

삼독(三毒)의 불에 불탄다면 중생이라고 일컫고, 삼해탈(三解脫)[150]에 의하여 깨끗해지면 깨달음이라고 일컫는다.

삼동(三冬)[151]에 얼어붙으면 얼음이라고 일컫고, 삼하(三夏)[152]

---

149) 보리(菩提) : bodhi. 도(道) · 지(智) · 각(覺)이라 번역. 2개의 뜻이 있다. ①불교 최고의 이상(理想)인 부처님의 정각(正覺)의 지혜. 곧 불과(佛果). ②부처님의 정각의 지혜를 얻기 위하여 닦는 도(道). 곧 불과에 이르는 길.

150) 삼해탈(三解脫) : 삼해탈문(三解脫門)의 준말. 삼공문(三空門) · 삼삼매(三三昧)라고도 함. 해탈을 얻는 세 가지 방법. ①공해탈문(空解脫門). 일체 만유가 다 공(空)하다고 관함. ②무상해탈문(無相解脫門). 상대적 차별한 모양이 없다고 관함. ③무작해탈문(無作解脫門). 무원해탈문(無願解脫門)이라고도 하니, 아무 것도 구할 것이 없다고 관함을 말함.

에 녹으면 물이라고 일컫는다.

얼음을 버리고서 따로 물이 있지 않고, 중생을 버리고서 따로 깨달음이 있지 않다.

얼음의 본성이 곧 물의 본성이고 물의 본성이 곧 얼음의 본성이듯이, 중생의 본성이 곧 깨달음의 본성임을 분명히 알 수 있다.

중생과 깨달음은 동일한 본성이니, 마치 오두(烏頭)와 부자(附子)[153]가 같은 뿌리를 가지고 있는 것과 같다.

다만 시절이 같지 않아서 어리석음과 깨달음이라는 다른 경계가 있는 까닭에 중생과 깨달음이라는 두 개의 이름이 있는 것이다.

뱀이 변신하여 용이 되어도 그 비늘을 바꾸지 않듯이, 범부가 변신하여 성인이 되어도 그 얼굴을 바꾸지 않는다.

다만 마음은 지혜로 내면을 비추고 몸은 계율로 외면을 바르게 함을 알면 될 뿐이다.

40.

중생은 부처를 제도(濟度)하고 부처는 중생을 제도하니, 평등(平等)이라고 일컫는다.

중생이 부처를 제도한다는 것은 번뇌가 깨달음을 낳는 것이고,

---

151) 삼동(三冬) : 겨울 석 달.
152) 삼하(三夏) : 여름 석 달.
153) 오두(烏頭)와 부자(附子)는 동일한 식물의 두 가지 다른 이름이다.

부처가 중생을 제도한다는 것은 깨달음이 번뇌를 없애는 것이다.

번뇌가 있으니 깨달음도 있다.

그러므로 번뇌가 아니면 깨달음이 생길 수 없고, 깨달음이 아니면 번뇌를 없앨 수 없음을 알 수 있다.

어리석을 때는 부처가 중생을 제도하고, 깨달을 때는 중생이 부처를 제도한다.

무슨 까닭인가?

부처는 스스로 부처가 되는 것이 아니라, 중생이 제도하여 부처가 되기 때문이다.

모든 부처는 무명(無明)을 아버지로 삼고 탐애(貪愛)를 어머니로 삼는데, 무명과 탐애는 모두 중생의 다른 이름이다.

중생과 무명은 마치 오른손바닥과 왼손바닥 같아서[154] 전혀 별개가 아니다.

41.

어리석을 때는 이쪽 언덕에 있고, 깨달을 때는 저쪽 언덕에 있다.

만약 마음은 공(空)이어서 모습을 볼 수 없음을 안다면, 어리석음과 깨달음의 양쪽을 벗어난다.

어리석음과 깨달음의 양쪽을 벗어나면, 이쪽 언덕과 저쪽 언덕도 없다.

---

154) 한 몸에 붙은 두 개의 손이다.

여래는 이쪽 언덕에도 머물지 않고, 저쪽 언덕에도 머물지 않으며, 그 사이의 바다에도 머물지 않는다.

그 사이의 바다는 소승불교(小乘佛敎)이고, 이쪽 언덕은 범부이며, 저쪽 언덕은 깨달음이다.

42.

부처에게는 세 개의 몸이 있으니, 화신(化身)과 보신(報身)과 법신(法身)이다.[155]

중생이 늘 선근(善根)을 만들면 화신이 나타나고, 지혜를 닦으면 보신이 나타나고, 무위(無爲)를 깨달으면 법신이 나타난다.

온 우주를 날아다니며 자유로이[156] 구제(救濟)하는 것은 화신불(化身佛)이고, 어리석음을 끊고 선(善)을 닦아서 설산(雪山)에서 도를 이루는 것은 보신불(報身佛)이고, 아무 말 없이 깨끗하고 변함없이 머무는 것은 법신불(法身佛)이다.

지극한 도리를 말한다면, 하나의 부처도 오히려 없는데 어떻게 셋이 있겠는가?

이렇게 삼신(三身)을 말하는 것은 다만 사람의 지혜에 상중하(上中下)가 있기 때문이다.

낮은 지혜의 사람은 헛되이 복(福)의 힘을 일으켜서 헛되이 화

---

[155] "화신(化身)은 응신(應身)이라고도 한다."는 구절이 『만속장』본에는 붙어 있다.
[156] 수의(隨宜) : 마음대로. 좋을 대로. 자유로이.

신불을 본다.

중간 지혜의 사람은 헛되이 번뇌를 끊어서 헛되이 보신불을 본다.

높은 지혜의 사람은 헛되이 깨달음을 얻어서 헛되이 법신불을 본다.

높고도 높은 최고 지혜의 사람은 안으로 두루 고요함을 비추어 보아 마음을 밝히면 곧 부처이니, 마음을 상대하여 부처를 얻는 것이 아니다.

그러므로 삼신(三身)과 만법(萬法)은 모두 취할 수도 없고 말할 수도 없음을 알 수 있다.

그렇다면 해탈한 마음이 대도(大道)를 이루는 것이다.

경전에서 말한 "부처는 법을 말하지도 않고, 중생을 제도하지도 않고, 깨달음을 얻지도 않는다."[157]가 이러한 말이다.

43.

중생은 업(業)을 만들고 업은 중생을 만드니, 금생에 업을 만들고 내생에 과보(果報)를 받아서 벗어날 날이 없다.

오직 지인(至人)[158]만이 이 몸 속에서 어떤 업도 만들지 않기 때

---

157) 동일한 문장을 대장경(大藏經)에서 발견하지 못했다. 아마도 대승경전에서 말하는 만법무자성(萬法無自性)과 불이법문(不二法門)의 취지를 요약한 구절로 보인다.

158) 지인(至人) : 대도인. 진리를 확연히 깨친 사람. 본래 『장자(莊子)』에 나오는 말. 『장자』에서는 지인(至人)을 다음과 같이 말한다 : "지인에게는 자기가 없다."(至

문에 과보를 받지도 않는다.

경전에서 말하기를 "어떤 업도 만들지 않으면, 저절로 도가 얻어진다."[159]고 하였으니, 어찌 헛된 말이겠는가?

사람이 업을 만들 수는 있어도, 업이 사람을 만들 수는 없다.

사람이 업을 만들면 업과 사람이 모두 생겨나고, 사람이 업을 만들지 않으면 사람과 업이 모두 사라진다.

그러므로 업은 사람으로 말미암아 만들어지고, 사람은 업으로 말미암아 생겨남을 알겠다.

사람이 만약 업을 만들지 않으면 업이 사람으로 말미암아 생겨나는 일은 없으니, 마치 사람이 도를 널리 펼 수는 있으나 도가 사람을 널리 펼 수는 없는 것과 같다.

44.

오늘날의 범부는 흔히 업을 짓고서는 망령되이 과보가 없다고 말하니, 어찌 괴롭지 않으랴?

만약 지극한 도리를 논한다면 앞 마음이 업을 짓고 뒤 마음이 과보를 받으니, 어찌 벗어날 때가 있겠는가?

　　人无己), "지인의 마음씀은 거울과 같다."(至人之用心若鏡), "지인은 무위(無爲)하다."(至人无爲), "진실을 벗어나지 않으면 일러 지인이라 한다."(不離於眞謂之至人)

159) 어느 경전의 구절인지 찾을 수 없다. 아마도 경전에 나오는 내용의 취지를 요약한 구절이 아닌가 한다.

만약 앞 마음이 업을 짓지 않으면 뒤 마음에 과보가 없으니, 또한 어찌 업보를 망령되이 볼 수 있겠는가?

경전에서 말했다. "비록 부처님을 믿더라도 부처님이 고행(苦行)한다고 말한다면, 이를 일러 삿된 견해라고 한다. 비록 부처님을 믿더라도 부처님에게 황금으로 만든 창[160]과 말먹이인 보리[161] 등의 과보가 있다고 말한다면, 이를 일러 믿음이 갖추어지지 않았다고 하고, 일천제(一闡提)라고 한다."[162]

45.

성인(聖人)의 법을 깨달은 자를 일러 성인(聖人)이라고 하고, 범부의 법을 깨달은 자를 일러 범부라고 한다.

---

160) 금장(金鎗) : 황금으로 만든 창. 『대지도론(大智度論)』 제9권에 의하면, 어느 날 석가모니가 앉아 있는 자리 아래에서 까닭 없이 황금으로 된 날카로운 창이 솟아 올라 사천왕(四天王)이 있는 하늘까지 밀려 올라간 일이 있었는데, 이는 과거생에 석가모니가 지은 업의 과보를 받는 모습을 보여 준 것이다. 비록 깨달음을 얻은 부처라고 하여도 이미 정해진 업의 과보를 받는 정업(定業)을 피할 수는 없음을 보인 것이라고 한다.

161) 마맥(馬麥) : 말의 사료인 겉보리. 『수능엄경』, 『흥기행경(興起行經)』, 『중본기경(中本起經)』, 『불식마맥품(佛食馬麥品)』 등에 의하면, 석가모니는 어느 해 여름에 아기달바라문왕(阿耆達婆羅門王)의 청을 받고 그 나라에 가서 안거하며 오백 비구들과 함께 하안거 석달 동안 말 사료인 겉보리를 먹고 지냈다고 한다. 이 이야기도 석가모니가 전생에 지은 업에 따른 과보를 받는 것은 비록 깨달아 부처가 되었더라도 피할 수 없음을 나타내는 것이다.

162) 어떤 경전에 나오는 내용인지 알 수 없다.

다만 범부의 법을 버리고 성인의 법으로 나아갈 수만 있다면, 범부가 성인이 되는 것이다.

세간의 어리석은 사람은 다만 성인을 멀리서 찾으려 할 뿐, 깨달아 지혜로운 마음이 곧 성인임을 믿지 않는다.

경전에서 말했다. "지혜가 없는 사람들 속에서 이 경(經)을 말하지 마라."[163]

이 경이란 마음이고 법이다.

지혜가 없는 사람은 이 마음이 법을 깨달아 성인이 된다는 것을 믿지 않고서, 다만 멀리 밖에서 배움을 찾으려 하고 허공 속에서 불상(佛像)이나 광명이나 향기나 색깔 등의 일을 좋아하므로, 모두가 삿된 견해에 떨어져 자기 마음을 잃고 미쳐 날뛴다.

경전에서 말했다. "만약 온갖 모습이 모습이 아님을 알면, 곧 여래를 보는 것이다."[164]

46.

팔만 사천의 법문(法門)이 모두 한 개 마음에서 나온다.

만약 마음의 모습 속이 깨끗하여 허공과 같다면,[165] 몸과 마음 속에 있는 팔만 사천의 번뇌와 질병의 뿌리에서 벗어날 것이다.

범부는 삶 속에서는 죽음을 근심하고 배가 부를 때는 배고픔을

---

163) 『묘법연화경』 제2권 「비유품」 제3에 나오는 게송의 구절.
164) 『금강경』 「여리실견분(如理實見分)」에 나오는 구절.
165) 유여(由如) : -와 같다. =유여(猶如).

걱정하니, 모두를 일러 크게 어리석다고 한다.

그러므로 지인(至人)은 과거를 생각하지도 않고, 미래를 근심하지도 않고, 현재를 바꾸지도 않고, 순간순간 도(道)로 돌아간다.

47.

야좌게(夜坐偈)[166]로 말한다.

"일경(一更)에 결가부좌(結跏趺坐)하여 단정히 앉아,
유쾌한 정신으로 고요히 비추니 가슴속은 허공과 같구나.[167]
아득한[168] 태초부터[169] 생겨나지도 사라지지도 않으니,
어찌 생겨나고 사라지고 사라지고 생겨날 필요가 있겠는가?[170]
온갖 법들은 전부 환상과 같아,
본성(本性)이 본래 공(空)이니 어찌 제거할 필요가 있으랴?
만약 마음의 본성은 모양이 없음을 안다면,
맑고[171] 변동치 않고 저절로 여여(如如)하리라.

---

166) 야좌게(夜坐偈) : 야좌(夜坐)란 밤에 행하는 좌선(坐禪)이니, 초경(初更)부터 오경(五更)까지의 밤 시간을 빌어서 다섯 개의 게송을 노래하고 있다.
167) 『만속장』본에 따른 해석 : 유쾌한 정신과 고요한 비춤이 사라지니 허공과 같다.
168) 광겁(曠劫) : 광(曠)은 오래라는 뜻. 겁(劫)은 겁파(劫波)의 준말. 오랜 시간을 말한다. 많은 겁을 쌓고 쌓은 오랜 시간.
169) 유래(由來) : 원래부터. 본래. 내력. 까닭.
170) 『만속장』본에 따른 해석 : 어찌 생겨나고 사라짐이 남김없이 없어질 필요가 있겠는가?

이경(二更)에 정신을 모으니 더욱 밝고 맑아,

생각을 일으키지 않으니 진여(眞如)인 본성이로다.

삼라만상은 모두 공(空)으로 돌아가지만,

다시 공이 있다고 집착하면 공이 도리어 병이 된다.

모든 법은 본래 공(空)이 아니라 있는 것이라고,

범부는 망령되이 생각하여 삿됨과 바름을 따진다네.[172]

만약 그 마음[173]을 둘이 아니게 할 수 있다면,

범부가 성인이 아니라고 누가 말하리?

삼경(三更)에 마음이 깨끗하여 허공과 같으니,

온 우주에 두루두루 통하지 못함이 없구나.

산과 강과 바위와 성벽이 가로막을 수 없고,

헤아릴 수 없는 세계가 그 속에 있다네.

세계의 본성이 진여(眞如)의 본성이고,

또 본성이랄 것도 없다면 두루 통할 수 있도다.[174]

모든 부처가 이와 같을 뿐만 아니라,

중생의 부류도 모두 이와 같다네.

---

171) 담연(湛然) : 물이 맑다.
172) 『만속장』 본에 따른 해석 : 범부들은 어찌 삿됨과 바름을 생각하고 따지는가?
173) 거회(居懷) : 생각. 마음. 속마음. 마음가짐. =거심(居心).
174) 『만속장』 본의 해석 : 또 본성이 없는 것도 없다면 두루 통할 수 있다.

사경(四更)에 사라짐도 없고 생겨남도 없으니,
크기가 허공과 같아서 법계가 평등하도다.
오지도 않고 가지도 않고 생겨나거나 사라지지도 않으며,
있는 것도 아니고 없는 것도 아니고 어둡지도 밝지도 않다네.
어떤 견해도 일으키지 않는 것이 여래의 견해이고,
부를 만한 이름이 없는 것이 참 부처의 이름이로다.
오직 깨달은 자만이 알 수가 있으니,
아직 깨닫지 못한 중생들은 마치 장님 같구나.

오경(五更)에 반야(般若)로 비추니 테두리가 없어,
한 생각도 일으키지 않고서 삼천 년을 지난다네.
진여의 평등한 본성을 보고자 하는가?
마음을 일으키지 않으면 곧 눈앞에 있도다.
묘하고 그윽하고 깊은 도리는 마음으로 헤아릴 수 없으니,
뒤쫓는다고 스스로를 피로하게 만들지 마라.[175]
만약 무념(無念)일 수 있다면 곧 참으로 구하는 것이니,
다시 구함이 있다면 도리어 알지 못할 것이로다."

참 본성의 노래.[176]

---

175) 불용(不用) : ①-할 필요 없다. ②-하지 말라.
176) 『만속장』본의 해석 : 달마대사오성론(끝). 참 본성의 노래.

悟性論

1.

夫道者, 以寂滅爲體, 修[177])者, 以離相爲宗. 故經云:"寂滅是菩提, 滅諸相故."

2.

佛者覺也. 人有覺心, 得菩提道, 故名爲佛. 經云:"離一切諸相, 卽名諸佛." 是知, 有相是無相之相, 不可以眼見, 唯可以智知.

3.

若聞此法者, 生一念信心, 此人, 以發大乘, 乃超[178])三界. 三界者, 貪嗔癡是. 返貪嗔癡, 爲戒定慧, 卽名超三界. 然貪嗔癡亦無實性, 但據衆生而言

---

177)『만속장』본에는 '修'라고 되어 있다.
178)『만속장』본에는 '乃'가 없다.

矣. 能返照了了見,[179] 貪嗔癡性卽是佛性, 貪嗔癡外更無別有佛性. 經云: "諸佛從本來, 常處於三毒, 長養於白法, 而成於世尊." 三毒者, 貪嗔癡也.

4.

言大乘最上乘者, 皆菩薩所行之處也.[180] 無所不乘, 亦無所乘, 終日乘未嘗乘, 此爲佛乘. 經云: "無乘爲佛乘也."

5.

若人知, 六根不實五蘊假名, 遍體求之, 必無定處, 當知此人解佛語. 經云: "五蘊窟宅是名禪院,[181] 內照開解卽大乘門."[182]

6.

不憶一切法, 乃名爲禪定. 若了此言者, 行住坐臥皆是禪定.[183]

7.

知心是空, 名爲見佛. 何以故? 十方諸佛, 皆以無心, 不見於心, 名爲見佛.

---

179) 『만속장』본에는 '若能返照了了見'이라고 되어 있다.
180) 『만속장』본에는 '皆是菩薩所行之處'라고 되어 있다.
181) 『만속장』본에는 '五蘊窟宅名禪院'라고 되어 있다.
182) 『만속장』본에는 인용문 뒤에 '可不明哉?'(분명하지 않을 수 있는가?)가 붙어 있다.
183) 『만속장』본에는 '行住坐臥皆禪定'로 되어 있다.

8.

捨心[184]不吝, 名大布施.

9.

離諸動定, 名大坐禪. 何以故? 凡夫一向動, 小乘一向定, 謂出過凡夫小乘之坐禪, 名大坐禪. 若作此會者, 一切諸相不離[185]自解, 一切諸病不治自差, 此皆大禪定力.

10.

凡將心求法者爲迷, 不將心求法者爲悟. 不著[186]文字名解脫, 不染六塵名護法, 出離生死名出家, 不受後有名得道, 不生妄想名涅槃, 不處無明爲大智慧, 無煩惱處名般涅槃.

11.

無相[187]處名爲彼岸. 迷時有此岸, 悟時無此岸.[188] 何以故? 爲凡夫一向住此. 若覺最上乘者, 心不住此, 亦不住彼. 故能離於此彼岸也. 若見彼岸

---

184) 『만속장』본에는 '心'이 '身'으로 되어 있다.
185) 『만속장』본에는 '離'가 '求'로 되어 있다.
186) 『만속장』본에는 '著'이 '着'으로 되어 있다.
187) 『만속장』본에는 '無心相'이라고 되어 있다. 여기에서는 『만속장』본을 따라 번역하였다.
188) 『만속장』본에는 '若悟時無此岸'이라고 되어 있다.

異於此岸, 此人之心已無禪定.[189]

12.

煩惱名衆生, 悟解名菩提, 亦不一不異, 只隔其[190]迷悟耳. 迷時有世間可出, 悟時無世間可出.

13.

平等法中, 不見凡夫異於聖人. 經云: "平等法者, 凡夫不能入, 聖人不能行. 平等法者, 唯[191]大菩薩與諸佛如來行也." 若見生異於死, 動異於靜, 皆名不平等. 不見煩惱異於涅槃, 是名平等. 何以故? 煩惱與涅槃, 同是一性空故. 是以小乘人妄斷煩惱, 妄入涅槃, 爲涅槃所滯. 菩薩知煩惱性空, 卽不離空, 故常在涅槃.

14.

涅槃者, 涅而不生, 槃而不死. 出離生死, 名[192]般涅槃, 心無去來, 卽入涅槃.

是知, 涅槃卽是空心. 諸佛入涅槃者, 卽是[193]無妄想處.

---

189) 『만속장』본에는 '此人之心已得無禪定'이라고 되어 있다.
190) 『만속장』본에는 '其'가 '具'로 되어 있다.
191) 『만속장』본에는 '唯有'라고 되어 있다.
192) 『만속장』본에는 '名'이 '出'로 되어 있다.
193) 『만속장』본에는 '卽是'가 '爲在'로 되어 있다.

오성론

15.

菩薩入道場者, 卽是無煩惱處. 空閑處者, 卽是無貪嗔癡也. 貪爲欲界, 嗔爲色界, 癡爲無色界. 若一念心生, 卽入三界, 一念心滅, 卽出三界. 是知, 三界生滅, 萬法有無, 皆由一心.

16.

凡言一心[194]者, 似破瓦石竹木無情之物. 若知心是假名無有實體, 卽知自寂之心,[195] 亦是非有, 亦是非無. 何以故? 凡夫一向生心, 名爲有, 小乘一向滅心, 名爲無. 菩薩與佛, 未曾生心, 未曾滅心, 名爲非有非無心. 非有非無心, 此名爲中道. 是知, 將心[196]學法, 則心法俱迷, 不將心[197]學法, 則心法俱悟.

17.

凡迷者迷於悟, 悟者悟於迷. 正見之人, 知心空無, 卽超迷悟. 無有迷悟, 始名正解正見.

18.

色不自色, 由心故色, 心不自心, 由色故心. 是知, 心色兩相, 俱有[198]生滅.

---

194) 『만속장』본에는 '一心'이 '一法'으로 되어 있다.
195) 『만속장』본에는 '自寂之心'이 '自家之心'으로 되어 있다.
196) 『만속장』본에는 '將心'이 '持心'으로 되어 있다.
197) 『만속장』본에는 '不將心'이 '不持心'으로 되어 있다.
198) 『만속장』본에는 '有'가 없다.

19.

有者有於無, 無者無於有, 是名眞見. 夫眞見者, 無所不見, 亦無所見, 見滿十方, 未曾有見. 何以故? 無所見故, 見無見故, 見非見故.

20.

凡夫所見, 皆名妄想. 若寂滅無見, 始名眞見. 心境相對, 見生於中. 若內不起心, 則外不生境. 故心境俱淨,[199] 乃名爲眞見. 作此解時, 乃名正見.

21.

不見一切法, 乃名得道, 不解一切法, 乃名解法. 何以故? 見與不見, 俱不見故, 解與不解, 俱不解故. 無見之見, 乃名眞見, 無解之解, 乃名眞解[200].

22.

夫眞見[201]者, 非直見於見, 亦乃見於不見. 眞解者, 非直解於解, 亦乃解於不解[202].

凡有所解, 皆名不解, 無所解者, 始名眞解[203]. 解與不解, 俱非解也. 經云: "不捨智慧名愚癡."

---

199) 『만속장』본에는 이 구절이 '境心俱淨'이라고 되어 있다.
200) 『만속장』본에는 '眞解'가 '大解'로 되어 있다.
201) 『만속장』본에는 '眞見'이 '正見'로 되어 있다.
202) 『만속장』본에는 '不解'가 '無解'로 되어 있다.
203) 『만속장』본에는 '眞解'가 '正解'로 되어 있다.

23.

以心爲空, 解與不解俱是眞, 以心爲有, 解與不解俱是妄. 若解時法逐人, 若不解時人逐法. 若法逐於人, 則非法成法, 若人逐於法, 則法成非法. 若人逐於法, 則法皆妄, 若法逐於人, 則法皆眞.

24.

是以聖人, 亦不將心求法, 亦不將法求心, 亦不將心求法, 亦不將法求法. 所以心不生法, 法不生心, 心法兩寂, 故常爲在定. 衆生心生, 則佛法滅, 衆生心滅, 則佛法生. 心生則眞法滅, 心滅則眞法生.

25.

已知一切法各[204]不相屬, 是名得道人. 知心不屬一切法, 此人常在道場. 迷時有罪, 解[205]時無罪. 何以故? 罪性空故. 迷時,[206] 無罪見罪, 若解時, 卽罪無罪[207]. 何以故? 罪無處所故. 經云: "諸法無性."

26.

眞用莫疑. 疑卽成罪. 何以故? 罪因疑惑而生. 若作此解者, 前世罪業卽爲消滅. 迷時六識五陰皆是煩惱生死法, 悟時六識五陰皆是涅槃無生死法.

---

204) 『만속장』본에는 '各'이 '各各'으로 되어 있다.
205) 『만속장』본에는 '解'가 '將'으로 되어 있다. '將'은 '解'의 오자(誤字)이다.
206) 『만속장』본에는 '迷時'가 '若迷時'로 되어 있다.
207) 『만속장』본에는 '無罪'가 '非罪'로 되어 있다.

27.

修道之人,²⁰⁸⁾ 不外求道. 何以故? 知心是道. 若得心時, 無心可得. 若得道時, 無道可得. 若言將心求道得者, 皆名邪見. 迷時有佛有法, 悟無佛無法. 何以故? 悟卽是佛法.

28.

夫修²⁰⁹⁾道者, 身滅道成, 亦如甲拆²¹⁰⁾樹生. 此業報身, 念念無常, 無一定法. 但隨念念²¹¹⁾修之, 亦不得厭生死, 亦不得愛生死. 但念念之中, 俱不妄想,²¹²⁾ 則生證有餘涅槃, 死入無生法忍.

29.

眼見色時, 不染於色, 耳聞聲時, 不染於聲, 皆解脫也. 眼不著²¹³⁾色, 眼爲禪門, 耳不著²¹⁴⁾聲, 耳爲禪門. 總而言之,²¹⁵⁾ 見色性者²¹⁶⁾常解脫, 見色相者常繫縛. 不爲煩惱繫縛者,²¹⁷⁾ 卽名解脫, 更無別解脫. 善觀色者, 色不

---

208) 『만속장』본에는 '修道之人'이 '脩道人'로 되어 있다.
209) 『만속장』본에는 '修'가 '脩'로 되어 있다.
210) 『만속장』본에는 '拆'이 '折'로 되어 있다.
211) 『만속장』본에는 '念念'이 '念'으로 되어 있다.
212) 『만속장』본에는 '俱不妄想'이 '不得妄想'으로 되어 있다.
213) 『만속장』본에는 '著'이 '着'으로 되어 있다.
214) 『만속장』본에는 '著'이 '着'으로 되어 있다.
215) 『만속장』본에는 '之'가 없다.
216) 『만속장』본에는 '見色性者'가 '見色有見色性不着'으로 되어 있다.

生於心, 心不生於色, 卽色與心俱是淸淨.[218]

30.

無妄想時, 一心是一佛國, 有妄想時, 一心是一地獄. 衆生造作妄想, 以心生心, 故常在地獄. 菩薩觀察妄想, 不以心生心, 故[219]常在佛國. 若不以心生心, 則心心入空, 念念歸靜, 從一佛國, 至一佛國. 若以心生心, 則心心不靜, 念念歸動, 從一地獄, 歷一地獄.

31.

若一念心起, 則有善惡二業, 有天堂地獄. 若一念心不起, 卽無善惡二業, 亦無天堂地獄. 爲體非有非無, 在凡卽有, 在聖卽無. 聖人無其心, 故胸臆空洞, 與天同量.[220]

32.

心得涅槃時, 卽不見有涅槃. 何以故? 心是涅槃. 若心外更見涅槃, 此名著[221]邪見也.

---

217) 『만속장』본에는 '不爲煩惱繫縛者'가 '不爲煩惱所繫縛者'로 되어 있다.
218) 『만속장』본에는 '色不生於心, 心不生於色, 卽色與心俱是淸淨.'이 '色不生心, 心不生色, 卽色與心俱淸淨.'으로 되어 있다.
219) 『만속장』본에는 '故'가 없다.
220) 『만속장』본에는 이 다음에 '此已下並是大道中證, 非小乘及凡夫境界也.'(여기 이하는 모두 대승 속에서 깨닫는 것이고, 소승과 범부의 경계가 아니다)라는 구절이 있다.

33.

一切煩惱爲如來種子,[222] 爲因煩惱而得智慧. 只可道煩惱生如來, 不可得道煩惱是如來. 故身心爲田疇, 煩惱爲種子, 智慧爲萌芽, 如來喩於穀也.

34.

佛在心中, 如香在樹中. 煩惱若盡, 佛從心出. 朽腐若盡, 香從樹出, 卽知樹外無香. 心外無佛. 若樹外有香, 卽是他香. 心外有佛, 卽是他[223]佛.

35.

心中有三毒者, 是名國土穢惡, 心中無三毒者, 是名國土淸淨. 經云: "若使國土不淨穢惡充滿, 諸佛世尊於中出,[224] 無有此處.[225]" 不淨穢惡者, 卽無明三毒也.[226] 諸佛世尊者, 卽淸淨覺悟心也.[227]

36.

一切言語無非佛法. 若能無其所言, 卽盡日言而是道.[228] 若能有其所言,

---

221) 『만속장』본에는 '著'이 '着'으로 되어 있다.
222) 『만속장』본에는 '種子'가 '種心'으로 되어 있다.
223) 『만속장』본에는 '他'가 '佗'로 되어 있다.
224) 『만속장』본에는 '於中出'이 '於中出者'로 되어 있다.
225) 『만속장』본에는 '無有此處'가 '無有此事'로 되어 있다.
226) 『만속장』본에는 '也'가 '是'로 되어 있다.
227) 『만속장』본에는 '也'가 '是'로 되어 있다.
228) 『만속장』본에는 '卽盡日言而是道'가 '而盡日言是道'로 되어 있다.

卽終日默而非道. 是故如來言不乘默, 默不乘言, 言不離默. 悟此言默者, 皆在三昧. 若知時而言, 言亦解脫. 若不知時而默, 默亦繫縛. 是故言若離相, 言亦名解脫. 默若著[229]相, 默卽是繫縛. 夫文字者, 本性解脫. 文字不能就繫縛, 繫縛自來就文字.[230]

37.

法無高下, 若見高下, 卽[231]非法也. 非法爲筏, 是法爲人. 筏者, 人乘其筏,[232] 卽渡非法,[233] 則是法也. 若以世俗言之,[234] 卽有男女貴賤, 以道言之, 卽無男女貴賤. 是以天女悟道, 不變女形. 車匿解眞, 寧移賤稱?[235] 此蓋非男女貴賤, 皆由一相也. 天女於十二年中求女相, 了不可得, 卽知於十二年中求男相, 亦不可得. 十二年者, 卽十二入是也.

38.

離心無佛, 離佛無心. 亦如離水無冰, 亦如離冰無水. 言離心無佛者,[236] 非是遠離於心, 但使不著[237]心相. 經云: "不見相, 名爲見佛." 卽是離心相

---

229) 『만속장』본에는 '著'이 '着'으로 되어 있다.
230) 『만속장』본에는 '繫縛自來就文字'가 '繫縛自本來未就文字'로 되어 있다.
231) 『만속장』본에는 '卽'이 없다.
232) 『만속장』본에는 '其筏'이 '其筏者'로 되어 있다.
233) 『만속장』본에는 '卽渡非法'이 '卽得渡於非法'로 되어 있다.
234) 『만속장』본에는 '若以世俗言之'이 '若世俗言'으로 되어 있다.
235) 『만속장』본에는 '寧移賤稱'이 '寧移賤稱乎'로 되어 있다.
236) 『만속장』본에는 '言離心無佛者'가 '凡言離心者'로 되어 있다.

也. 離佛無心者, 言佛從心出, 心能生佛. 然佛從心生, 而佛未嘗生心.[238] 亦如魚生於水, 水不生於魚. 欲觀於魚者,[239] 未見魚而先見水, 欲觀於[240] 佛者, 未見佛而先見心. 即知已見魚者忘於水, 已見佛者忘於心. 若不忘於心, 尙爲心所惑, 若不忘於水, 尙被水所迷.

39.

衆生與菩提, 亦如水與冰.[241] 爲三毒所燒, 卽名衆生, 爲三解脫所淨, 卽名菩提. 爲三冬所凍, 卽名爲冰, 爲三夏所消, 卽名爲水. 若捨卻冰, 卽無別水, 若棄卻衆生, 則無別菩提. 明知冰性卽是水性, 水性卽是冰性, 衆生性者, 卽菩提性也. 衆生與菩提同一性, 只如烏頭與附子共根耳. 但時節不同, 迷悟[242]異境故, 有衆生菩提二名矣. 蛇化爲龍,[243] 不改其鱗, 凡變爲聖, 不改其面. 但知心者智內照, 身者戒外貞.[244]

40.

衆生度佛, 佛度衆生, 是名平等. 衆生度佛者, 煩惱生悟解, 佛度衆生者,

---

237) 『만속장』본에는 '著'이 '着'으로 되어 있다.
238) 『만속장』본에는 '而佛未嘗生心'이 '而心未嘗生於佛'로 되어 있다.
239) 『만속장』본에는 '者'가 없다.
240) 『만속장』본에는 '於'가 없다.
241) 『만속장』본에는 '亦如水與冰'이 '亦如冰之與水'로 되어 있다.
242) 『만속장』본에는 '悟'가 없다.
243) 『만속장』본에는 '是以蛇化爲龍'로 되어 있다.
244) 『만속장』본에는 '貞'이 '眞'으로 되어 있다.

悟解滅煩惱. 非無煩惱,[245] 非無悟解. 是知非煩惱無以生悟解, 非悟解無以滅煩惱. 若迷時佛度衆生, 若悟時衆生度佛. 何以故? 佛不自成, 皆由衆生度故. 諸佛以無明爲父, 貪愛爲母, 無明貪愛皆是衆生別名也. 衆生與無明, 亦如右掌與左掌,[246] 更無別也.

41.

迷時在此岸, 悟時在彼岸. 若知心空不見相, 則離迷悟. 旣離迷悟, 亦無彼岸. 如來不在此岸, 亦不在彼岸, 不在中流. 中流者, 小乘人也, 此岸者, 凡夫也, 彼岸者,[247] 菩提也.

42.

佛有三身者, 化身報身法身.[248] 若衆生常作善根[249]卽化身現, 修[250]智慧[251]卽報身現, 覺無爲卽法身現.[252] 飛騰十方隨宜救濟者, 化身佛也, 斷惑修善[253]雪山成道者,[254] 報身佛也, 無言無說[255]湛然常住者, 法身佛也.

---

245) 『만속장』본에는 '是知非無煩惱'로 되어 있다.
246) 『만속장』본에는 '亦如左掌與右掌'으로 되어 있다.
247) 『만속장』본에는 '彼岸'으로 되어 있다.
248) 『만속장』본에는 이 구절 뒤에 '化身亦云應身'라는 구절이 붙어 있다.
249) 『만속장』본에는 '善根'이 '善時'로 되어 있다.
250) 『만속장』본에는 '修'가 '脩'로 되어 있다.
251) 『만속장』본에는 '智慧'가 '智慧時'로 되어 있다.
252) 『만속장』본에는 '法身現'이 '法身常現'으로 되어 있다.
253) 『만속장』본에는 '斷惑修善'이 '若斷惑卽是是'로 되어 있다.

若論至理, 一佛尙無, 何得有三? 此言²⁵⁶⁾三身者, 但據人智有上中下.²⁵⁷⁾ 下智人,²⁵⁸⁾ 妄興福力,²⁵⁹⁾ 妄見化身佛. 中智人,²⁶⁰⁾ 妄斷煩惱, 妄見報身佛. 上智人,²⁶¹⁾ 妄證菩提, 妄見法身佛. 上上智人,²⁶²⁾ 內照圓寂, 明心卽佛, 不待心而得佛.²⁶³⁾ 是²⁶⁴⁾知三身與萬法, 皆不可取不可說. 此卽解脫心 成於大道. 經云: "佛不說法, 不度衆生, 不證菩提." 此之謂矣.

43.

衆生造業, 業造²⁶⁵⁾衆生, 今世造業, 後世受報, 無有脫時. 唯有至人, 於此身中, 不造諸業, 故不受報. 經云: "諸業不造, 自然得道." 豈虛言哉? 人能造業, 業²⁶⁶⁾不能造人. 人若造業, 業與人俱生, 人若不造業, 業與人俱滅. 是知業由人造, 人由業生. 人若不造業, 卽業無由人生²⁶⁷⁾也, 亦如人能弘道, 道不能弘人.

---

254) 『만속장』본에는 '者'가 없다.
255) 『만속장』본에는 '無言無說'이 '無言無說無作無得'으로 되어 있다.
256) 『만속장』본에는 '言'이 '謂'로 되어 있다.
257) 『만속장』본에는 '但據人智有上中下'은 '但據人智也. 人有上中下說'로 되어 있다.
258) 『만속장』본에는 '下智人'이 '下智之人'으로 되어 있다.
259) 『만속장』본에는 '妄興福力'이 '妄奧福力也'로 되어 있다.
260) 『만속장』본에는 '中智人'이 '中智之人'으로 되어 있다.
261) 『만속장』본에는 '上智人'이 '上智之人'으로 되어 있다.
262) 『만속장』본에는 '上上智人'이 '上上智之人'으로 되어 있다.
263) 『만속장』본에는 '佛'이 '佛智'로 되어 있다.
264) 『만속장』본에는 '是'가 없다.
265) 『만속장』본에는 '造'가 '不造'로 되어 있다.
266) 『만속장』본에는 '業'이 '今'으로 되어 있음.
267) 『만속장』본에는 '人生'이 '生人'으로 되어 있다.

44.

今之凡夫, 往往造業, 妄說無報, 豈不苦哉?[268] 若以至理而論之,[269] 前心造後心報, 何有脫時? 若前心不造, 即後心無報, 亦安得[270]妄見業報哉? 經云:"雖信有佛, 言佛苦行, 是名邪見. 雖信有佛, 言佛有金鏘馬麥之報, 是名信不具足, 是名一闡提."

45.

解聖法者, 名爲聖人, 解凡法者, 名爲凡夫. 但能捨凡法就聖法, 即凡夫成聖人矣. 世間愚人, 但欲遠求聖人, 不信慧解之心爲聖人也. 經云:"無智人中, 莫說此經." 此經者,[271] 心也法也. 無智之人, 不信此心解法成於聖人, 但欲遠求外[272]學愛慕[273]空中佛像光明香色等事, 皆墮邪見, 失心狂亂. 經云:"若見諸相非相, 即見如來."

46.

八萬四千法門, 盡由一心而起. 若心相內淨由如虛空, 即出離身心內八萬四千煩惱病本也.[274] 凡夫當生憂死, 臨飽[275]愁飢, 皆名大惑. 所以至人不

---

268) 『만속장』본에는 '豈不苦哉'가 '豈至少不苦哉'로 되어 있다.
269) 『만속장』본에는 '若以至理而論之'가 '若以至少而理'로 되어 있다.
270) 『만속장』본에는 '亦安得'이 '復安'으로 되어 있다.
271) 『만속장』본에는 '此經者'가 '經云'으로 되어 있다.
272) 『만속장』본에는 '求外'가 '外求'로 되어 있다.
273) 『만속장』본에는 '愛慕'가 '受慕'로 되어 있다.
274) 『만속장』본에는 '病本也'가 '爲病本也'로 되어 있다.

謀其前, 不慮其後, 無變當今, 念念歸道.

47.

夜坐偈云:

"一更端坐結跏趺, 怡神寂照胸[276]同虛.
曠劫由來不生滅, 何須生滅滅生渠?[277]
一切諸法皆如幻, 本性自空那用除?
若識心性非形像, 湛然不動自如如.[278]

二更凝神轉明淨, 不起憶想眞如性.[279]
森羅萬像併歸空, 更執有空還是病.
諸法本自非空有, 凡夫妄[280]想論邪正.
若能不二其居懷, 誰道卽凡非是聖?

三更心淨等虛空, 遍滿十方無不通.

---

275) 『만속장』본에는 '臨飽'가 '飽臨'으로 되어 있다.
276) 『만속장』본에는 '胸'이 '泯'으로 되어 있다.
277) 『만속장』본에는 '生渠'가 '無餘'로 되어 있다.
278) 『만속장』본에는 '如如'가 '眞如'로 되어 있다.
279) 『만속장』본에는 '眞如性'이 '同眞性'으로 되어 있다.
280) 『만속장』본에는 '妄'이 '安'으로 되어 있다.

山河石壁無能障, 恒沙世界在其中.

世界本性眞如性, 亦無本性[281]卽含融.

非但諸佛能如此, 有情之類普[282]皆同.

四更無滅亦無生, 量與虛空法界平.

無來無去[283]無起滅, 非有非無非暗明.

無起[284]諸見如來見, 無名可名眞佛名.

唯有悟者應能識, 未會衆生由若盲.

五更般若照無邊, 不起一念歷三千.

欲見眞如平等性? 愼勿生心卽目前.

妙理玄奧非心測, 不用尋逐令疲極

若能無念卽眞求 更若有求還不識"

眞性頌[285]

---

281) 『만속장』본에는 '本性'이 '無性'으로 되어 있다.

282) 『만속장』본에는 '普'가 '並'으로 되어 있다.

283) 『만속장』본에는 '無來無去'가 '無去無來'로 되어 있다.

284) 『만속장』본에는 '無起'가 '不起'로 되어 있다.

285) 『만속장』본에는 '眞性頌'이 '達磨大師悟性論(終) 眞性頌'으로 되어 있다.

절관론
絕 觀 論

절관론

입리연문(入理緣門) 1권(卷)

허술하게 묻는 것은 연문(緣門)이 판결하려 하는 것이고, 자세히 답하는 말은 입리(入理)가 의문을 없애 주는 것이니, 이를 일러 절관론(絕觀論)이라 한다.

1.
무릇 대도(大道)는 텅 비고 그윽하고 고요하여, 마음으로써 알 수 없고 말로써 표현할 수 없다.
지금 우선 방편으로 두 사람을 세워 그 진실을 함께 논의하게 할 것이니, 스승은 입리(入理)라 이름하고 제자는 연문(緣門)이라 이름한다.

2.

입리 선생이 말없이 고요히 있자, 연문이 문득 입리 선생에게 묻는다.

"무엇을 일러 마음이라 합니까? 무엇을 일러 마음을 안정시킨다고 합니까?"

답한다.

"네가 마음을 세울 필요가 없다면, 또한 억지로 안정시킬 필요도 없을 것이니, 이를 일러 안정시킨다고 할 만하다."

3.

묻는다 : "만약 마음이 없다면, 어떻게 도(道)를 배웁니까?"

답한다 : "도는 마음으로 생각하는 것이 아닌데, 무엇이 마음에 있겠느냐?"

4.

묻는다 : "만약 마음으로 생각하는 것이 아니라면, 무엇을 가지고 생각해야 합니까?"

답한다 : "생각이 있으면 마음이 있는 것이고, 마음이 있으면 도와는 어긋난다. 생각이 없으면 마음도 없고, 마음이 없으면 참된 도이다."

5.

묻는다 : "모든 중생에게는 실제로 마음이 있지 않습니까?"

답한다 : "만약 중생에게 실제로 마음이 있다면, 이것은 헛된 꿈을 진실이라고 여기는 것이다. 단지 마음 없는 가운데 마음을 세우기 때문에 곧 망상(妄想)이 일어난다."

6.

묻는다 : "마음이 없는 것은 어떤 것입니까?"

답한다 : "마음이 없으면 어떤 것도 없고, 어떤 것도 없으면 천진(天眞)하고, 천진하면 대도(大道)이다."

7.

묻는다 : "중생의 망상은 어떻게 없앨 수 있습니까?"

답한다 : "만약 망상을 보고 없어짐을 본다면, 망상에서 벗어나지 않았다."

8.

묻는다 : "망상을 없애지 않는 것이 도리(道理)에 알맞은 것입니까?"

답한다 : "만약 알맞음과 알맞지 않음을 말한다면, 역시 망상을 벗어나지 않았다."

9.

묻는다 : "어떤 때가 옳습니까?"

답한다 : "어떤 때를 옳다고 여기지 마라."

10.

연문이 묻는다. "무릇 성인(聖人)이라면 마땅히 어떤 법을 끊고 어떤 법을 얻어야 성인이라고 합니까?"

입리가 말한다. "한 법도 끊지 않고 한 법도 얻지 않으면 성인이다."

11.

묻는다 : "만약 끊지도 않고 얻지도 않는다면, 범부와 무엇이 다릅니까?"

답한다 : "같지 않다.

무슨 까닭인가?

모든 범부는 망령되이 끊는 것이 있고 망령되이 얻는 것이 있기 때문이다."

12.

묻는다 : "방금 범부는 얻는 것이 있고 성인은 얻는 것이 없다고 말씀하셨습니다. 그렇다면 얻음과 얻지 않음에 무슨 다름이 있습니까?"

답한다 : "범부는 얻는 것이 있으므로 허망(虛妄)하고, 성인은

얻는 것이 없으므로 허망하지 않다.

허망하기 때문에 같음과 같지 않음을 따지고, 허망하지 않기 때문에 다름도 없고 다르지 않음도 없다."

13.
묻는다 : "만약 다름이 없다면, 성인이라는 이름은 어떻게 성립합니까?"

답한다 : "범부와 성인은 둘 다 모두 이름이다.

이름 속에 둘이 없으면 차별이 없으니, 마치 거북의 털과 토끼의 뿔을 말하는 것과 같다."

14.
묻는다 : "만약 성인(聖人)이 거북이 털이나 토끼 뿔과 같다면, 마땅히 전혀 없는 것인데 사람들에게는 무엇을 배우라고 시킵니까?"

답한다 : "나는 거북의 털이 없다고 말했지, 거북이도 없다고 말하진 않았다. 그대는 무엇 때문에 이런 어려움을 만드느냐?"

15.
묻는다 : "털이 없다는 것은 무엇을 비유한 것이고, 거북이는 무엇을 비유한 것입니까?"

답한다 : "거북이는 도(道)에 비유한 것이고, 털은 자아(自我)에 비유한 것이다.

그러므로 성인에게는 자아는 없으나 도는 있다.

다만 저 범부에게 자아가 있고 이름이 있는 것은 마치 거북이 털과 토끼 뿔이 있다고 마구 집착하는 것과 같다."

16.

묻는다 : "만약 이와 같다면, 도는 마땅히 있어야 하고 자아는 마땅히 없어야 합니다. 이와 같이 있느니 없느니 하니, 어찌 있다거나 없다거나 하는 견해가 아니겠습니까?"

답한다 : "도는 있는 것이 아니고, 자아는 없는 것이 아니다.

무슨 까닭인가?

거북이는 앞서 없다가 지금 있는 것이 아니기 때문에 있다고 말하지 못하고, 거북이 털은 앞서 있다가 지금 없는 것이 아니기 때문에 없다고 말하지 못한다.

도와 자아를 그런 식으로 비유하면 알 수 있을 것이다."

17.

묻는다 : "무릇 도를 구하면, 한 사람이 얻습니까? 여러 사람이 얻습니까? 각자 따로 얻습니까? 모두 함께 얻습니까? 본래 도를 가지고 있습니까? 다시 닦아서 도를 이루는 것입니까?"

답한다 : "모두 그대가 말하는 것과 같지 않다.

무슨 까닭인가?

만약 한 사람이 얻는다면, 도는 두루하지 않을 것이다.

만약 여러 사람이 얻는다면, 도에는 끝이 있을 것이다.

만약 각자 따로 얻는다면, 도에는 숫자가 있을 것이다.

만약 모두 함께 얻는다면, 방편(方便)이 헛될 것이다.

만약 도가 본래 있다면, 온갖 수행(修行)은 헛되이 만들어 놓은 것일 것이다.

만약 닦아서 도를 이룬다면, 조작(造作)하는 것이니 참된 도가 아닐 것이다."

18.

묻는다 : "결국 어떻다는 것입니까?"

답한다 : "모든 헤아림과 분별과 탐욕을 벗어나거라."

19.

연문(緣門)이 묻는다 : "범부에게는 몸이 있으니, 보고·듣고·느끼고·알고 합니다. 성인에게도 몸이 있으니, 보고·듣고·느끼고·알고 합니다. 그 속에 무슨 다른 점이 있습니까?"

답한다 : "범부는 눈으로 보고, 귀로 듣고, 몸으로 느끼고, 의식으로 알지만, 성인은 그렇지 않아서 보지만 눈으로 보는 것이 아니고, 듣지만 귀로 듣는 것이 아니고, 느끼지만 몸으로 느끼는 것이 아니고, 알지만 의식으로 아는 것이 아니다.

무슨 까닭인가?

육근(六根)[286]의 한계를 넘어섰기 때문이다."

20.

묻는다 : "무슨 까닭에 경전에서는 또 성인(聖人)에게는 보고·듣고·느끼고·아는 일이 없다고 말합니까?"

답한다 : "성인에게는 범부의 보고·듣고·느끼고·아는 일이 없는 것이지, 보고·듣고·느끼고·아는 일이 없는 것은 아니다.

성인의 경계는 있다거나 없다고 할 수 없으니, 분별을 떠났기 때문이다."

21.

묻는다 : "범부에게는 진실로 범부의 경계가 있습니까?"

답한다 : "진실로는 없고 허망(虛妄)하게 있으니, 본래는 적멸(寂滅)이기 때문이다. 다만 허망하게 헤아린다면, 뒤집힌 일이 일어난다."

---

286) 육근(六根) : 대상을 인식하는 여섯 가지 기관, 즉 눈(眼)·귀(耳)·코(鼻)·혀(舌)·살갗(身)·의식(意) 등을 가리킨다. 이들은 각각 색깔(色)·소리(聲)·냄새(香)·맛(味)·감촉(觸)·법(法) 등의 육경(六境)과 대응하는데, 안식(眼識; 색을 봄)·이식(耳識; 소리를 들음)·비식(鼻識; 냄새를 맡음)·설식(舌識; 맛을 봄)·신식(身識; 촉감을 느낌)·의식(意識; 생각으로 알아차림) 등의 육식(六識)이 나타날 때는 육근과 육경이 만난다고 이해한다. 육근·육경·육식을 합하여 십팔계(十八界)라 하여, 우리가 경험하고 알아차리는(識) 세계를 종합적으로 나타낸다.

22.

묻는다 : "저는 이해하지 못하겠습니다. 어떻게 하여 성인은 보되 눈으로 보는 것이 아니고, 알되 의식으로 아는 것이 아닙니까?"

답한다 : "법의 본바탕은 보기가 어려운데, 하물며 비유로써 어떻게 알 수 있겠느냐?

저 거울이 사물을 비추는 것과 같으니, 비추어지는 것을 비추는 것 같으나, 스스로 비출 수 있는 눈이 있는 것은 아닌 것 같다.

또 마치 사계절(四季節)[287]이 계절 따라 변하는 만물을 알아보는[288] 것과 같으니, 알려지는 것을 아는 것 같으나, 스스로 알 수 있는 의식(意識)이 있는 것은 아닌 것과 같다."

23.

연문이 묻는다 : "도는 결국 누구에게 속합니까?"

답한다 : "결국 속하는 바가 없으니, 마치 허공이 의지하는 바가 없는 것과 같다.

도가 만약 얽매여 예속되어 있다면, 닫히기도 하고 열리기도 하고, 주인 노릇도 하고 손님 노릇도 할 것이다."

---

287) 음양(陰陽) : 봄, 여름, 가을, 겨울의 사계절.
288) 후물(候物) : 기후에 따라 변하는 만물의 상태를 살피다.

24.

묻는다 : "어떤 것이 도의 본바탕이고, 어떤 것이 도의 작용입니까?"

답한다 : "허공이 도의 본바탕이고, 삼라만상이 도의 작용이다."

25.

묻는다 : "그 속에서 누가 만들어 냅니까?"

답한다 : "그 속에는 참으로 만들어 내는 자가 없고, 법계(法界)의 본성이 본래 그러하다."

26.

묻는다 : "중생의 업(業)의 힘이 만들어 내는 것이 아닙니까?"

답한다 : "무릇 업을 받는 것은 업에 얽매여 있으니, 스스로가 원인일 뿐 다른 원인은 없다. 어느 겨를에 바다를 만들고 산을 쌓으며 하늘을 만들고 땅을 설치하겠느냐?"

27.

묻는다 : "대개 보살에게는 의생신(意生身)[289]이 있다고들 하는

---

289) 의생신(意生身) : 의성신(意成身)이라고도 함. 부모가 낳은 육신이 아니고, 생각하는 대로 생기는 몸. 곧 화생신(化生身). 변화신(變化身)·겁초(劫初)의 인신(人身)·색계신·무색계신·중유신(中有身)을 포함.

데, 어찌 신통(神通)의 힘에서 말미암은 것이 아니겠습니까?"

답한다 : "범부에게는 유루(有漏)290)의 업(業)이 있고, 성인에게는 무루(無漏)291)의 업이 있다.

그들에게 비록 뛰어나고 못난 차이가 있지만, 원인이 자연(自然)의 도(道)인 것은 아니다.

그러므로 말한다. '여러 가지의 의생신(意生身)을 나는 심량(心量)292)이라고 말한다.'293)"

28.

묻는다 : "공(空)이 도(道)의 본바탕이라고 하신다면, 공이 부처〔불(佛)〕294)입니까?"

답한다 : "그렇다."

---

290) 유루(有漏) : ↔ 무루(無漏). 루(漏)는 누설(漏泄)된다는 뜻. 우리들의 6문(門)으로 누설되는 것. 곧 번뇌(煩惱)를 가리킴. 사제(四諦) 가운데 고제(苦諦) · 집제(集諦)를 유루라 함.
291) 무루(無漏) : ↔유루(有漏). 누(漏)는 객관 대상에 대하여 끊임없이 6근에서 허물을 누출(漏出)한다는 뜻으로 번뇌의 다른 이름. 소승에서는 번뇌를 더하지 않음을 말하고, 대승에서는 번뇌와 함께 있지 아니함을 말한다. =무루지(無漏智).
292) 심량(心量) : ①유심(唯心)과 같음. ②중생이 마음에 미혹을 일으켜 갖가지 외계의 대상을 생각하는 것. ③마음의 영역.
293) 『능가아발다라보경(楞伽阿跋多羅寶經)』제3권 「일체불어심품(一切佛語心品) 3」의 게송에 나오는 구절. 사구(四句) 전체는 "여여(如如)와 실제(實際), 열반(涅槃)과 법계(法界), 여러 가지 의생신(意生身)들을 나는 심량(心量)이라 말한다." (如如與空際, 涅槃及法界, 種種意生身, 我說爲心量.)이다.

29.

묻는다 : "만약 공이 부처라면, 성인께선 어찌하여 중생들에게 염공(念空)²⁹⁵⁾하라 하지 않고²⁹⁶⁾ 염불(念佛)²⁹⁷⁾하라 합니까?"

답한다 : "중생의 어리석음 때문에 염불하라고 시킨다.

만약 깨달음을 얻으려는 마음²⁹⁸⁾이 있는 사람이라면, 자신의 실상(實相)을 보라고 시킬 것이니, 부처를 보는 것 역시 그렇다.

무릇 실상이라고 하는 것은 공(空)으로서 모습이 없다."

---

294) 불(佛) : Buddha. 불타(佛陀)의 준말. 부도(浮圖·浮屠)·부타(浮陀·部陀)·부두(浮頭)·발타(勃駄)·모타(母馱)·몰타(沒馱)라고도 음역. 각자(覺者)라 번역. 미망(迷妄)을 여의고 스스로 모든 법의 진리를 깨닫고, 또 다른 중생을 교도하여 깨닫게 하는 자각(自覺)·각타(覺他)의 2행(行)을 원만히 성취한 이. 이 말은 처음 보리수나무 아래서 성도(成道)한 석존에 대한 칭호로 쓴 것. 불타는 석존뿐이었으나, 뒤에 불교의 교리가 발달함에 따라 과거·현재·미래의 모든 부처님이 있게 되고, 10방(方)의 모든 부처님으로 발전하여 드디어 그 수가 한량없게 되었고, 이것이 처음은 역사적 인물이던 것이 점점 이상화(理想化)되어 유형 무형 온갖 방면으로도 원만한 인격적 존재가 됨.

295) 염공(念空) : 공(空)을 생각하다.

296) 견(遣) : ①시키다. =사(使), 령(令). ②당하다. =피(被). ③쫓아내다. ④하지 못하게 하다. =사불(使不).

297) 염불(念佛) : ①10념(念)의 하나. 부처님의 모습을 보면서 그 공덕을 생각함. ②입으로 아미타불(阿彌陀佛)의 이름을 말하는 것. 정토교(淨土敎)를 널리 편 선도(善導; 613-681) 이후로는 염불이란 말이 이런 의미로 사용되었다.

298) 도심(道心) : ①도(道)는 보리(菩提)를 번역한 말. 부처님의 정각(正覺), 곧 원만한 지혜를 말하며, 이 보리를 구하는 마음을 도심이라 함. 보리심(菩提心)과 같음. ②선도(善道)·정도(正道)를 닦으려는 마음. ③집에 있으면서 불도를 수행하는 이를 말한다.

30.

연문이 묻는다 : "외도(外道)도 오신통(五神通)[299]을 얻었고, 보살이 얻은 것 역시 그와 같다고 하는데, 그렇다면 무슨 다름이 있습니까?"

입리가 답한다 : "같지 않다.

무슨 까닭인가?

외도를 일러 얻음이 있는 자라고 한다.

하지만 보살은 그렇지 않으니, 무아(無我)를 깨달았기 때문이다."

31.

묻는다 : "원래 무릇 초학(初學)은 도리(道理)에 들어가도 아직 원만하지 못하고 진여(眞如)를 깨닫는 것도 미약하고 묘한 이치를

---

[299] 오신통(五神通) : 5통(通), 5신변(神變)이라고도 함. 5종의 불가사의하고 자재하고 묘한 작용. 천안통(天眼通)·천이통(天耳通)·숙명통(宿命通)·타심통(他心通)·신족통(神足通)을 말함. 천안통(天眼通)은 지상세계와 하늘세계와 땅밑 지옥의 모든 모습을 막힘없이 보는 눈, 천이통(天耳通)은 지상세계와 하늘세계와 땅밑 지옥의 모든 소리를 막힘없이 듣는 귀, 숙명통(宿命通)은 과거 전생(前生)의 운명을 아는 것, 타심통(他心通)은 타인의 마음을 아는 것, 신족통(神足通)은 어디든 자유롭게 갈 수 있는 능력이라는 뜻. 이 오신통은 누구든 수행을 통하여 얻을 수 있는 능력이지만, 불도의 신통과 외도의 신통은 다르다. 외도의 신통은 분별 속에서 얻음이 있지만, 불도의 신통은 불이(不二)의 법성(法性)을 보는 눈이 밝은 것이다. 부처의 신통을 누진통(漏盡通)이라고 하는데, 누진통은 번뇌망상을 완전히 소멸하고 불이의 법성에 막힘 없이 통하여 모든 미혹(迷惑)에서 해탈한 것이다.

아는 것도 얕습니다. 그렇다면 저 외도의 오신통과 비교하여 어느 쪽이 더 낫습니까?"

답한다 : "먼저 도리(道理)에 들어가 진여를 미약하게나마 깨닫는다면, 저 현상(現象)³⁰⁰⁾에 통달하는 오신통이 무엇 때문에 필요하겠는가?"

32.

묻는다 : "만약 오신통을 얻는다면, 일제히³⁰¹⁾ 세상의 존경을 받을 것이고 동시에 세상이 소중하게 여길 것이며, 앞날의 일을 미리 알고 지나간 일을 돌이켜 알아서 스스로 허물과 잘못을 방지할 것인데, 어찌 뛰어나지 않겠습니까?"

답한다 : "그렇지 않다.

무슨 까닭인가?

모든 세상 사람들은 그 마음이 쉽사리 모습에 집착하고, 자기와 관계된 사업(事業)을 탐내고, 거짓에 의지하여 진실을 어지럽힌다.

그들에게 비록 승의(勝意) 비구의 신통(神通)과 선성(善星)³⁰²⁾ 비

---

300) 이(理)와 사(事)에서, 이(理)는 본질인 도리(道理)를, 사(事)는 현상을 가리킨다.
301) 교(交) : ①시키다. =교(敎), 사(使), 령(令). ②피동을 표시. =피(被). 교피(交被)로 표기되기도 함. ③(부사) 모두. 전부. 일제히. 함께. 동시에.
302) 선성(善星) : 『열반경(涅槃經)』「가섭품」에 나오는 이야기. 선성(善星)은 인도의 비구(比丘)로서, 출가하여 12부경을 독송하여 욕계(欲界)의 번뇌를 끊고 제4선정(禪定)을 얻었는데, 그만 나쁜 친구와 사귀어 사견(邪見)을 일으켜 부처님에 대하여 나쁜 마음을 내었기 때문에, 니련선하 언덕에서 땅이 갈라지면서 산 몸

구의 말솜씨가 있다고 하더라도, 실상(實相)의 도리를 알지 못하면, 모두 땅이 갈라져 지옥에 떨어지는 재앙을 면하지 못한다."

33.

연문이 묻는다 : "도(道)는 오직 심신(心身)을 갖춘 인간[303] 속에만 있습니까? 초목(草木) 속에도 있습니까?"

입리가 답한다 : "도는 두루하지 않은 곳이 없다."

34.

묻는다 : "도가 두루하다면, 무슨 까닭에 사람을 죽이면 죄가 있고 초목을 죽이면 죄가 없습니까?"

답한다 : "무릇 죄와 죄 아님을 말한다면, 이는 모두 정식(情識)으로 나아가고 현상과 관련되는 것이니 바른 도가 아니다.

단지 세상 사람들이 도리(道理)에 통달하지 못하고 망령되이 자아(自我)를 만들어 세우기 때문에, 살생한다면 살생했다는 분별하는 마음이 있다. 분별하는 마음이 업(業)에 매인다면 죄라고 한다.

초목에는 정식(情識)이 없어서 본래 도리와 하나이고, 자아가 없기 때문에 죽이는 것을 헤아리지 않는다. 그러므로 죄와 죄 아

으로 아비지옥에 떨어졌다고 한다.
303) 형령(形靈) : 형(形)은 모습을 갖춘 육체, 영(靈)은 영혼. 심신(心身)을 갖춘 사람을 가리킨다.

님을 따지지 않는다.

무릇 자아 없이 도와 하나이면, 육체를 초목과 같다고 보니 잘라지더라도 초목이 잘리는 것과 같다.

그러므로 문수(文殊)는 석가모니에게 칼을 들고 덤벼들었고,304) 앙굴리마라는 석가모니의 손가락을 자르려고 칼을 들이대었던 것이다.305)

---

304) 『오등회원』 제1권 '석가모니불(釋迦牟尼佛)'에 다음 내용이 나온다 : 옛날 세존(世尊)께서 영산회상(靈山會上)에서 법을 말씀하실 때에 오백 비구가 있었는데, 사선정(四禪定)을 얻고 오신통(五神通)을 갖추었으나 아직 법인(法忍)을 얻지는 못하였다. 이들은 숙명통(宿命通)으로써 각자 과거세(過去世)에 지은 부모를 죽이는 등 기타 여러 가지 무거운 죄를 보고서, 각자 자기 마음속에 의심을 품고 있었으니, 깊고 깊은 법을 깨달을 수 없었다. 그때 문수(文殊)가 대중의 의심과 두려움을 알고서, 부처님의 위신력(威神力)을 빌려 손에 날카로운 칼을 쥐고 여래(如來)를 몰아붙였다. 세존이 이에 문수에게 말했다. "멈추어라, 멈추어라. 역죄(逆罪)를 지어서는 안 된다. 나에게 해를 끼쳐서는 안 된다. 내가 반드시 해를 입는다면, 착하기 때문에 해를 입는 것이다. 문수사리여! 그대는 본래부터 나와 남이 없었는데, 단지 속마음으로 나와 남을 보고 있으니, 속마음이 일어날 때에는 나는 반드시 해를 입을 것이다. 이것을 일러 해를 끼친다고 한다." 이에 오백 비구는 스스로 본래 마음은 꿈과 같고 환상과 같으며, 꿈과 환상 속에는 나와 남이 없고, 나아가 부모도 자식도 없음을 깨달았다. 이에 오백 비구는 한결같은 목소리로 문수를 찬탄하는 게송을 읊었다. "문수, 큰 지혜를 가진 보살이여! /법의 밑바닥까지 깊이 통달하셨구나. /스스로 손에 날카로운 칼을 쥐고서, /여래(如來)의 몸을 위협하였네. /칼과 마찬가지로 부처님 역시 그러하셔서, /하나의 모습일 뿐 둘이 없다네. /모습도 없고 생겨남도 없으니, /이 속에서 어떻게 죽이겠는가?"(昔世尊在靈山會上說法. 有五百比丘得四禪定. 具五神通. 未得法忍. 以宿命智通. 各各自見過去世時殺父害母及諸重罪. 於自心內各各懷疑. 於甚深法不能證入. 是時文殊知衆疑怖. 承佛神力. 遂手握利劍. 持逼如來. 世尊乃謂文殊曰:

이들은 모두 도와 하나가 되었고, 함께 무생법인(無生法忍)[306]을

> "住! 住! 不應作逆. 勿得害吾. 吾必被害, 爲善被害. 文殊師利! 爾從本已來, 無有我人, 但以內心見有我人, 內心起時, 我必被害, 即名爲害." 於是五百比丘自悟本心如夢如幻, 於夢幻中無有我人, 乃至能生所生父母. 於是五百比丘同聲說偈讚文殊曰: "文殊大智士! 深達法源底. 自手握利劍, 持逼如來身. 如劍佛亦爾, 一相無有二. 無相無所生, 是中云何殺?")

305) 『불설앙굴계경(佛說鴦崛髻經)』에 다음 이야기가 나온다 : 앙굴리마라라는 사람이 1,000명의 손가락을 잘라 화관(花冠)을 만들어 왕의 자리에 오르려고 하였다. 이미 999명의 손가락을 탈취하고 다만 한 개 손가락이 부족하자 자기 어머니의 손가락을 잘라 1,000개를 채우려고 하였다. 부처님께선 그의 인연이 익은 것을 보시고는 그를 교화하러 그의 집으로 가셨다. 앙굴리마라가 칼을 꺼내어 어머니의 손가락에 대려고 할 때에 문득 석장(錫杖) 흔드는 소리를 듣고는 어머니의 손가락을 놓고 부처님께 한 개 손가락을 보시(布施)하실지를 물어 말했다. "이미 고오타마께서 여기에 오셨으니 저에게 손가락 한 개를 보시하셔서 제가 원하는 바를 채우도록 해 주십시오." 그리고는 칼을 막 드는데 세존께서는 그 곳을 벗어나 곧장 가셨다. 세존께서 천천히 가셨지만 앙굴리마라는 급하게 뒤쫓았으나 따라잡을 수가 없었다. 이에 큰 소리로 고함을 질렀다. "멈추시오! 멈추시오!" 세존이 말씀하셨다. "나는 멈춘 지 오래되었는데, 너는 멈추지 못하고 있구나." 앙굴리마라는 여기에서 문득 깨닫고는 세존에게 의지하여 출가하였다.(殃崛摩羅要千人指頭作華冠, 然後登王位, 已得九百九十九指, 唯少一指, 要斷其母指塡數. 佛知其緣熟, 故往化之. 殃崛纔擧意欲下刀取母指時, 忽聞振錫聲, 遂捨其母指, 而問佛敎化一指曰: '旣是瞿曇在此, 望施我一指頭滿我所願.' 纔擧刀, 世尊拽脫便去. 世尊徐行, 殃崛急趕不上, 乃高聲叫曰: '住! 住!'世尊曰: '我住久矣, 是汝不住.' 殃崛忽然感悟, 投佛出家.)

306) 무생법인(無生法忍): 불생법인(不生法忍), 불기법인(不起法忍)이라고도 함. 인(忍)은 인(認)과 같이 인정하고 수용한다는 뜻이니, 법인(法忍)은 법을 인정하고 수용하여 의심하지 않는 것. 『유마경(維摩經)』 중권(中卷)「입불이법문품(入不二法門品) 제9」에 "생멸(生滅)은 이법(二法)이지만, 법(法)은 본래 생하지 않는 것이어서 지금 멸하지도 않습니다. 이러한 무생법인(無生法忍)을 얻는 것이 바로

절관론

깨달았고, 세계가 환상으로 나타난307) 것이어서 허무(虛無)함을 밝게 알았던 것이다.

그러므로 죄와 죄 아님을 따지지 않는다."

35.

묻는다 : "만약 초목이 애초부터 도(道)와 하나라면, 무슨 까닭에 경전 속에서 초목이 성불(成佛)308)했다는 기록은 없고 사람이 성불했다는 기록만 있습니까?"

답한다 : "사람에 대한 기록만 있는 것이 아니라, 초목에 대한 기록도 있다.

경전에 말했다.

'한 개 티끌 속에 모든 법을 다 갖추고 있다.'309)

또 말했다.

불이법문(不二法門)에 들어가는 것입니다."(生滅爲二, 法本不生今則無滅. 得此無生法忍, 是爲入不二法門.)라 하고 있다. 무생법인(無生法忍)은 불생불멸(不生不滅)하는 법(法), 즉 생겨나거나 소멸함이 없는 법을 인정하고 의심 없이 수용한다는 뜻이다.

307) 환화(幻化) : 실체가 없는 것이 환술(幻術)로 나타나 있는 것처럼 됨. 공화(空華)와 같은 경우.

308) 성불(成佛) : 작불(作佛)·성도(成道)·득도(得道)라고도 함. 깨달음을 이룸. 깨닫다.

309) 『화엄경』에 "한 개 티끌 속에서 모든 세계를 다 드러낸다."(於一微塵中, 悉見諸世界) "하나 하나의 티끌 속에 모든 세계가 다 있다."(一一微塵中, 一切諸佛刹.)는 등의 표현이 많이 등장한다.

'모든 법도 그러하고(여(如)), 모든 중생도 그러하다(여(如)). 그러하다(여(如))는 것은 둘이 없고 차별이 없는 것이다.'³¹⁰)"

36.

연문이 묻는다 : "이와 같은 궁극적 공(空)의 도리를 어디에서 증명(證明)해야 합니까?"

입리가 말한다 : "마땅히 모든 색(色) 속에서 구하고, 마땅히 자기의 말 속에서 증명해야 한다."

37.

묻는다 : "어떻게 모든 색 속에서 구하고, 자기의 말 속에서 증명합니까? 어떤 색 속에서 구하고, 어떤 말 속에서 증명합니까?"

답한다 : "공(空)과 색(色)은 하나로 합해져 있고, 말과 증명은 둘이 아니다."

38.

묻는다 : "만약 모든 법이 공(空)이라면, 어떻게 성인은 통하고 범부는 막힙니까?"

---

310) 『유마힐소설경(維摩詰所說經)』「보살품(菩薩品) 제4」에 다음 구절이 있다 : "모든 중생이 모두 그러하고, 모든 법 역시 그러하다. … 무릇 그러하다는 것은 둘이 아니고 다르지 않다는 것이다."(一切衆生皆如也, 一切法亦如也. … 夫如者不二不異.)

답한다 : "허망하게 움직이기 때문에 막히고, 참으로 고요하기 때문에 통한다."

39.
묻는다 : "이미 참된 공(空)이라면, 어떻게 훈습(熏習)을 받습니까? 만약 이미 훈습을 받는다면, 어찌 공이 됩니까?"
답한다 : "무릇 허망하다는 것은 모르는 사이에 문득 나타나고 모르는 사이에 문득 움직인다. 그 진실로 공(空)인 본바탕 속에는 훈습을 받을 하나의 법도 없다."

40.
묻는다 : "만약 진실로 공(空)이라면, 모든 중생들이 도를 닦지 않을 것입니다. 왜 그러냐 하면, 타고난 본성이 그러하기 때문입니다."
답한다 : "모든 중생들이 만약 공의 도리를 이해한다면, 진실로 도를 닦을 필요가 없다. 다만 공(空)을 공으로 여기지 않기 때문에 미혹(迷惑)함이 발생한다."

41.
묻는다 : "만약 이와 같다면, 응당 미혹함을 떠나 도(道)가 있을 것인데, 어찌하여 모든 것이 도가 아니라고 말합니까?"
답한다 : "그렇지 않다. 미혹함이 아니면 도이지만, 미혹함을

떠나는 것이 곧 도는 아니다. 왜 그런가? 마치 사람이 술에 취해 있을 때는 깨어 있는 것이 아니고, 깨어 있을 때는 취해 있는 것이 아닌 것과 같다. 취함을 떠나 따로 깸이 있는 것이 아니지만, 역시 취한 것이 아니라면 곧 깨어 있는 것이다."

42.

묻는다 : "만약 사람이 깨어 있을 때라면, 취함은 어디에 있습니까?"

답한다 : "마치 손을 뒤집는 것과 같다. 손을 뒤집을 때는, 다시 손이 어디에 있느냐고 물을 필요가 없다."

43.

연문이 묻는다 : "사람이 이 이치에 통달하지 못하고도, 법을 말하여 중생을 교화할 수 있습니까?"

입리가 말한다 : "할 수 없다. 왜 그런가? 자기의 눈이 밝지 못한데, 어떻게 남의 눈을 밝게 하겠는가?"

44.

묻는다 : "그 지혜의 힘을 따라 방편으로 교화하는데, 어찌하여 할 수 없겠습니까?"

답한다 : "도리(道理)에 통달했다면 지혜의 힘이라고 할 수 있지만, 도리에 통달하지 못했다면 무명(無明)의 힘이라고 한다. 왜 그

런가? 자기의 번뇌를 도와 기력(氣力)으로 만들기 때문이다."³¹¹⁾

45.

묻는다 : "비록 도리에 알맞게 중생을 교화할 수는 없다고 하더라도, 우선 중생들로 하여금 십선(十善)³¹²⁾과 오계(五戒)³¹³⁾를 행하게 하여 인천(人天)³¹⁴⁾에 머물게 한다면, 어찌 이익이 아니겠습니까?"

답한다 : "지극한 도리에서는 이익이 없고, 다시 두 개의 손해를 불러온다. 왜 그런가? 스스로도 함정에 빠지고 남도 함정에 빠뜨리기 때문이다. 스스로 함정에 빠지는 것은 스스로 도를 가로막는

---

311) 번뇌에 의지하여 살아가기 때문이다.
312) 십선(十善) : 십선행(十善行)·십선업(十善業)·십선업도(十善業道)라고도 한다. 열 가지의 선한 행위를 말하는데, 십악(十惡)의 반대말이다. 십악이란, 살생(殺生)·투도(偸盜)·사음(邪婬)·망어(妄語: 거짓말을 하는 것)·양설(兩舌)·악구(惡口)·기어(綺語: 재미있게 꾸며 만드는 말)·탐욕(貪慾)·진에(瞋恚: 화내고 미워하는 것)·사견(邪見: 잘못된 견해를 말함) 등을 말한다. 이상의 십악을 행하지 않는 것을 십선이라고 하는데, 불살생(不殺生)에서 불사견(不邪見)까지를 뜻한다. 즉 죽이지 않는다, 훔치지 않는다, 사음하지 않는다, 망어하지 않는다, 욕하지 않는다, 기어하지 않는다, 양설하지 않는다, 탐욕하지 않는다, 화내지 않는다, 사견을 품지 않는다 등이다.
313) 오계(五戒) : 수행자가 지켜야 할 다섯 가지 계율로, 살생하지 말 것(不殺生戒), 남의 것을 훔치지 말 것(不偸盜戒), 음란한 짓을 저지르지 말 것(不邪婬戒), 함부로 말하지 말 것(不妄語戒), 술을 마시지 말 것(不飮酒戒) 등이 그것이다.
314) 인천(人天) : 인간세계와 하늘세계. 중생이 윤회하는 육도(六道) 가운데 비교적 좋은 길.

것을 말하고, 남을 함정에 빠뜨리는 것은 육취(六趣)³¹⁵⁾에 윤회하는 것을 면하지 못하는 것을 말한다."

46.

묻는다 : "성인께선 오승(五乘)³¹⁶⁾에 차별이 있다고 말씀하시지 않았습니까?"

답한다 : "성인은 차별법을 말하는 마음이 없다. 다만 저 중생들 자신의 마음에서 희망이 드러난 것이다. 그러므로 경(經)에서 말했다.

'만약 그 마음이 사라진다면
수레(승(乘))도 없고 수레에 타는 사람도 없다.
만들 수레가 없는 것을 일러

---

315) 육취(六趣) : 육도(六道)와 같음. 중생의 업인(業因)에 따라 윤회하는 길을 6으로 나눈 것. 지옥도(地獄道)·아귀도(餓鬼道)·축생도(畜生道)·아수라도(阿修羅道)·인간도(人間道)·천상도(天上道).

316) 오승(五乘) : 승(乘)은 싣는다는 뜻으로서, 해탈에 도달케 하는 부처님의 가르침을 가리킴. 이를 5종으로 나눈 것을 5승이라 함. 다음과 같이 여러 가지 분류법이 있음. ①인승(人乘)·천승(天乘)·성문승(聲聞乘)·연각승(緣覺乘)·보살승(菩薩乘). ②보살승·연각승·성문승·종종성승(種種性乘)·인천승. ③일승·보살승·연각승·성문승·소승. ④불승·보살승·연각승·성문승·소승(인천승). ⑤불승·연각승·성문승·천승·범승(梵乘). ⑥인승·천승·이승·보살승·불승. ⑦성문승·독각승(獨覺乘)·무상승(無上乘)·종종승·인천승.

나는 한 수레〔일승(一乘)〕라고 한다.'317)"

47.

연문이 묻는다 : "어찌하여 참으로 도를 배우는 사람은 남이 알아보지 못하고 남이 인정해 주지 않습니까? 왜 그렇습니까?"

답한다 : "희귀한 보석은 가난한 사람이 알아보지 못하고, 참된 사람은 삿되고 거짓된 무리들이 알아보지 못한다."

48.

묻는다 : "세상에 거짓된 사람이 있어도 바른 도리를 가로막지 못합니다. 밖으로 위엄 있는 모습을 드러내고 할 일을 성실히 하면서도 흔히 남녀(男女)가 친해지고 서로 좋아하는 것은 무슨 까닭입니까?"

답한다 : "음탕한 여자에게 여러 남자가 끌리는 것과 같고, 냄새나는 고기가 파리떼를 불러들이는 것과 같다. 이것은 이름과 모습 때문에 일어나는 일이다."

49.

연문이 묻는다 : "어떻게 보살이 도리에 어긋난 행동을 하고도

---

317) 『능가아발타라보경(楞伽阿跋多羅寶經)』「일체불어심품(一切佛語心品) 2」에 나오는 게송의 구절.

불도(佛道)에 통달합니까?"

답한다 : "선(善)과 악(惡)에 분별이 없기 때문이다."

50.

묻는다 : "무엇을 일러 분별이 없다고 합니까?"

답한다 : "법(法)에서 마음을 내지 않는 것이다."

51.

묻는다 : "행하는 사람이 없다는 것입니까?"

답한다 : "행하는 사람이 없는 것이 아니다."

52.

묻는다 : "알아차리지 못합니까?"

답한다 : "비록 알지만, 자기(아(我))가 없다."

53.

묻는다 : "자기가 없는데, 어떻게 앎이 있습니까?"

답한다 : "앎 역시 본래 자성(自性)이 없다."

54.

묻는다 : "자기를 말한다고 무슨 거리낌이 있겠습니까?"

답한다 : "이름을 아는 것이라면 거리끼지 않는다. 다만 마음속

에 일이 생길까[318] 봐 걱정할 뿐이다."

55.

묻는다 : "일이 있다고 해도, 무슨 거리낌이 있겠습니까?"

답한다 : "거리낌이 없다면, 일이 없다. 일이 없는데, 무슨 거리낌을 묻는가?"

56.

묻는다 : "만약 있는 일을 무시하고 일 없음을 취한다면, 어떻게 도리 아님을 행한다고 말하겠습니까?"

답한다 : "진실로 일이 없는데, 그대는 억지로 그에게 일을 만들도록 하여 무엇을 하려는가?"

57.

묻는다 : "설마하니[319] 살생(殺生)할 인연(因緣)이 있겠습니까?"

답한다 : "들불은 산을 태우고, 폭풍은 나무를 부러뜨리고, 산사태는 짐승을 깔아 뭉개고, 홍수는 벌레를 떠다니게 한다. 마음도 이와 같아서, 그럴 만하다면 사람이라도 죽인다. 그러나 만약

---

318) 유사(有事) : 일이 일어나다. 사고가 나다. 변고가 생기다.
319) 파(叵) : ①(불가(不可)의 합음(合音)으로서 뜻이 같다) -할 수 없다. -해서는 안 된다. -하기 어렵다. ②어찌. 설마. 설마하니.

머뭇거리는 마음이 있어서 생명도 보고 살생도 보는 가운데 마음이 사라지지 않는다면, 개미 한 마리조차도 그대의 생명을 구속할 것이다."

58.

묻는다 : "설마하니 도둑질할 인연이 있겠습니까?"

답한다 : "벌은 물가의 꽃에서 꿀을 따고, 참새는 뜰의 조를 입에 물고, 소는 연못 곁의 콩을 먹고, 말은 들판의 벼를 씹는다. 결국 그런 물건이라고 이해하지 않고, 그럴 만하다면 산이라도 들어 올린다. 만약 이와 같지 않다면, 바늘처럼 가는 한 줄기 풀잎이라도 그대의 목을 묶어서 노예로 만들 것이다."

59.

묻는다 : "설마하니 음행(淫行)할 인연이 있겠습니까?"

답한다 : "하늘은 땅을 뒤덮고, 양(陽)은 음(陰)에 합하고, 변소는 위에서 흐르는 오물을 받고, 샘물은 골짜기로 흘러들어간다. 마음도 이와 같아서, 마음 가는 모든 곳에서 장애가 없다. 만약 정식(情識)에서 분별을 일으킨다면, 자기 부인이라도 그대의 마음을 더럽힐 것이다."

60.

묻는다 : "설마하니 거짓말[320]을 할 인연이 있겠습니까?"

답한다 : "말을 하나 주인이 없고, 말을 하나 마음이 없으니, 말소리는 종이 울리는 것과 같고, 숨소리는 바람소리와 같다. 마음도 이와 같아서, 도(道)도 없고, 부처도 없다. 만약 이와 같지 않다면, 부처님을 부르는 것 역시 거짓말이다."

61.

연문이 묻는다 : "만약 '나'라는 견해[321]를 가지고 있지 않다면, 어떻게 가고·머물고·앉고·눕고 합니까?"

답한다 : "다만 가고·머물고·앉고·눕고 할 뿐, 무엇 때문에 '나'라는 견해를 세워야 하느냐?"

62.

묻는다 : "이미 가지고 있지 않다면, 뜻과 이치(理致)를 생각할 수 있습니까?"

답한다 : "만약 마음이 있다고 헤아리면, 생각하지 않더라도 있다. 만약 마음이 없음을 밝힌다면, 설사 생각하더라도 없다. 무슨 까닭인가? 비유하면 선사(禪師)가 깨끗하게 앉아 있으나 생각은

---

320) 망어(妄語) : 10악(惡)의 하나. 입[口]으로 지은 4과(過)의 하나. 허광어(虛誑語)라고도 한다. 진실치 못한 허망한 말을 하는 것. 거짓말.
321) 신견(身見) : 5견(見)의 하나. 살가야견(薩迦耶見)을 말함. 5온(蘊)이 가(假)로 화합한 신체를 상일주재(常一主宰)하는 뜻이 있는 아(我)라 망집(妄執)하고, 또 아(我)에 속한 기구·권속 등을 나의 소유라고 여기는 잘못된 견해.

일어나며, 맹렬한 바람이 어지럽게 일어나지만 마음은 없는 것과 같다."

63.

연문이 묻는다 : "만약 처음 도를 배우는 사람이 문득 인연을 만났는데 그 인연이 해(害)를 끼치려[322] 한다면, 어떻게 대치(對治)[323]하여야 도(道)에 알맞습니까?"

답한다 : "전혀 대치할 필요가 없다. 무슨 까닭인가? 피할 수 있으면 피하고, 피할 수 없으면 떠맡는다. 참을 수 있으면 참고, 참을 수 없으면 슬피 운다."[324]

64.

묻는다 : "만약 슬피 운다면, 저 '나'라는 견해[아견(我見)][325]를 가진 사람과 어떻게 다릅니까?"

답한다 : "마치 방망이가 종(鐘)을 치면 그 소리가 저절로 나오

---

322) 욕(欲) : (조동사)바야흐로 −하려 하다. 래(來)는 방향이 화자나 주어를 향함을 나타내는 어조사.
323) 대치(對治) : 대응하여 다스리다. 깨달음의 지혜를 가지고 번뇌의 어리석음을 다스리다.
324) 곡(哭) : ①소리를 내어 슬피 욺, 또는 그 울음. ②사람이 죽었을 때, 또는 제(祭)를 지낼 때에 영전에서 "애고애고" 혹은 "어이어이" 소리를 내어 우는 예(禮), 또는 그 울음.

절관론

는 것과 같은데, 무엇 때문에 반드시 나[아(我)]가 있어야 하는가? 그대가 만약 비명횡사(非命橫死)326)하는데도 마음을 붙잡고서 이를 악물고 참는다면, 이것이 곧 커다란 나를 가지고 있는 것이다."327)

65.

묻는다 : "사람이 슬피 운다면 그 속에 감정(感情)이 움직이는 것인데, 어찌 종이 울리는 것과 같겠습니까?"

답한다 : "같음과 같지 않음을 말한다면, 다만 그대가 쓸데없이328) 허망한 생각으로 헤아려서 이런 질문을 만드는 것이다. 만약 분별하는 마음이 없다면, 도(道)의 바탕은 자연스럽다."

66.

묻는다 : "제가 듣기로 성인(聖人)은 무기에도 상하지 않고, 괴로운 일에도 굽히지 않고, 물질에도 얽매이지 않고, 사상(思想)에도 흔들리지 않는다고 합니다. 이것은 무엇을 말합니까?"

---

325) 아견(我見) : =신견(身見). 5가지 잘못된 견해 가운데 하나. 보통 '나'라고 부르는 것은 오온(五蘊)의 화합일 뿐, 오온 밖에 참으로 '나'라고 할 무엇이 없는데도, 오온 밖에 '나'가 따로 있는 줄로 잘못 아는 견해.
326) 강사(强死) : ①비명횡사(非命橫死)하다. ②싫어하지 않고 무리하게 하다.
327) 매우 심한 아견(我見)을 가지고 있다.
328) 다사(多事) : ①쓸데없는 일을 하다. ②해서는 안 될 일을 하다.

답한다 : "만약 모든 것을 깨닫는다면 내가 없으니, 소리가 나거나 나지 않거나 움직이거나 움직이지 않거나 모두 도리(道理)에 알맞아서 가로막힐 것이 없다."

67.

연문이 묻는다 : "제가 보기에, 도를 배우는 사람은 계(戒)를 지키는 데 전념하지도 않고, 위엄 있는 용모[329]를 갖추는데도 정성을 기울이지[330] 않고, 중생을 교화하지도 않고, 느릿느릿[331] 되는 대로 살아가는데,[332] 이것은 무슨 뜻입니까?"

답한다 : "모든 분별하는 마음을 없애려 하고, 모든 있다는 견해[333]를 없애려 한다. 비록 느릿느릿 되는대로 살아가는 것 같으나, 속으로는 끊임없이 수행하고 있다."

---

329) 위의(威儀) : 위엄 있는 용모. 곧 손을 들고 발을 내딛는 것이 모두 규칙에 맞고 방정하여 숭배할 생각을 내게 하는 태도.
330) 은근(慇懃) : =은근(殷勤). 성실하다. 간절하다.
331) 등등(騰騰) : ①어둠 속에서 헤매는 모습. ②술에 취한 모양. 잠자는 모양. ③느릿느릿한 모양. ④김이 피어오르는 모양. 새가 날아오르는 모양.
332) 임운(任運) : 운(運)에 맡기다. 되는 대로 따라가다.
333) 유견(有見) : ①눈에 보이는 것. 색(色)을 유견(有見)이라 함. 무견(無見)의 반대. ②모든 것이 유(有)라고 주장하는 설(說). 이 세상의 모든 일들이 유(有)라고 집착하는 것. 모든 존재에 고정적 실체(實體)가 있다고 인정하고, 그것을 영원히 자신이 소유할 수 있다고 주장하는 견해.

68.

묻는다 : "이와 같이 수행하는 자가 다시 저 어린아이의 견해334)를 낸다면, 어떻게 견해를 없앨 수 있다고 말합니까?"

답한다 : "다만 그대의 견해를 없애면 될 뿐, 왜 그가 견해 내는 것을 염려하는가? 비유하면, 물고기가 깊은 연못을 벗어났다면, 왜 어부가 물고기가 그렇게 하는 것을 싫어한다고 염려하겠는가?"

69.

묻는다 : "이와 같다면, 스스로는 이익이 되고 남에게는 손해를 끼치는데,335) 어찌 보살336)이라 부르겠습니까?"

답한다 : "그대의 견해가 생겨나지 않는다면, 상대방 역시 견해를 내지 않는다. 그대는 지금 타인이 견해를 내는 것을 깊이 생각하니, 이것은 곧 스스로 견해를 내는 것이지 타인이 견해를 내는 것이 아니다."

70.

묻는다 : "안으로 대승(大乘)의 도리에 통달하고, 밖으로 소승(小

---

334) 소승(小乘)의 견해를 말함.
335) 보살은 자리이타(自利利他) 즉 스스로도 이롭고 남도 이롭게 한다고 하니, 보살은 자각각타(自覺覺他) 즉 스스로 깨닫고 남도 깨닫게 한다는 뜻이다.
336) 대사(大士) : 마하살(摩訶薩)의 번역. 보살(菩薩)과 같은 뜻.

乘)의 모습을 드러낸다고 하여, 법에 무슨 손해를 끼치겠습니까?"

답한다 : "그대는 지금 억지로 노인에게 어린아이의 장난을 하라고 요구하는 것이니, 도리에 무슨 이익이 있겠는가?"

71.

묻는다 : "이와 같이 견해를 없앤 보살을 어떤 사람이 알아볼 수 있습니까? 어떤 사람이 그를 알아줍니까?"

답한다 : "깨달은 사람이 알아주고, 수행하는 사람이 알아본다."

72.

묻는다 : "이와 같은 보살도 중생을 교화할 수 있습니까?"

답한다 : "해와 달이 있는데 어찌 비추지 않고, 등불을 들었는데 어찌 밝지 않겠는가?"

73.

묻는다 : "무슨 방편을 씁니까?"

답한다 : "바로 곧장일 뿐,337) 방편은 없다."338)

---

337) 달마(達摩)의 직지선(直指禪)을 가리킨다. 곧장 불이법문(不二法門)으로 들어가 실상(實相)을 바로 드러낼 뿐, 방편을 통하지 않는다.
338) 『법화경(法華經)』「방편품(方便品) 제2」에 "바로 곧장일 뿐 방편을 버리고, 다만 위없는 도를 말할 뿐이다."(正直捨方便, 但說無上道.)라는 구절이 있다.

74.

묻는다 : "방편이 없다면, 무슨 이익이 있겠습니까?"

답한다 : "사물을 만나면 이름을 붙이고, 일이 생기면 응대한다. 마음 없이 헤아리니, 미리 헤아릴 까닭이 없다."

75.

묻는다 : "제가 듣기로, 여래(如來)께선 7일 동안 생각하셔서 방편을 만드셨다고 합니다.³³⁹⁾ 어떻게 헤아리는 마음이 없다고 말씀

---

339) 『과거현재인과경(過去現在因果經)』 제3권에 다음 내용이 있다 : 그때 여래께선 7일 동안 한마음으로 사유하시며 숲을 보시며 스스로 생각으로 말씀하셨다. "나는 이곳에서 모든 번뇌를 없애고 할 일을 마쳐서 원하던 바를 다 이루었다. 내가 얻은 법은 깊고도 깊어 이해하기 어려워 오직 부처와 부처가 알 수 있다. 모든 중생은 오탁악세(五濁惡世)에서 탐욕과 분노와 어리석음과 삿된 견해와 교만과 거짓에 뒤덮혀 가로막혀 복이 적고 근기도 둔하고 지혜도 없으니, 어떻게 내가 얻은 법을 이해할 수 있겠는가? 지금 내가 만약 법바퀴를 굴린다면 저들은 반드시 속아서 헤매면서 믿고 받아들이지 않을 것이고, 도리어 바른 법을 비방하며 악도(惡道)에 떨어져 모든 고통을 받을 것이니, 나는 오히려 말하지 않고 반열반(般涅槃)에 들어가야겠다."(爾時如來, 於七日中, 一心思惟, 觀於樹王, 而自念言: "我在此處, 盡一切漏, 所作已竟, 本願成滿, 我所得法, 甚深難解, 唯佛與佛, 乃能知之. 一切衆生, 於五濁世, 爲貪欲瞋恚愚癡邪見憍慢諂曲之所覆障, 薄福鈍根, 無有智慧, 云何能解我所得法? 今我若爲轉法輪者, 彼必迷惑, 不能信受, 而生誹謗, 當墮惡道, 受諸苦痛, 我寧默然, 入般涅槃.") … 그때 세존께선 범왕(梵王)의 청을 받아들여, 다시 7일 동안 부처님의 눈으로 모든 중생의 상중하(上中下) 근기를 관찰하시고, 다시 모든 번뇌의 하중상(下中上)을 관찰하시며 두 번째 7일이 지났다. 그때 세존께선 다시 생각하시기를 "나는 이제 감로(甘露)의 법문(法門)을 열어야 하겠다."라고 하셨다.(爾時世尊, 受梵王等請已, 又於

하십니까?"

답한다 : "모든 부처님의 경계는 생각하고 느끼고 살펴보아서 아는 것이 아니다."

76.

묻는다 : "부처님이 어찌 거짓말을 하겠습니까?"

답한다 : "(부처님의 말씀은) 진실하고 허망하지 않다."

77.

묻는다 : "어찌하여 경전에선 생각하셨다고 말하는데, 지금 생각하지 않는다고 말씀하십니까?"

답한다 : "중생을 교화하는 방편이다."

78.

묻는다 : "모든 부처님의 방편은 어디에서 나옵니까?"

답한다 : "모든 부처님은 방편을 내지 않는다. 다만 마음에서 나온다. 인연(因緣)을 따라 교화(敎化)함에 삼라만상이 있으나, 법에는 본래 이름이 없다."

七日, 而以佛眼, 觀諸衆生, 上中下根, 及諸煩惱, 亦下中上, 滿二七日. 爾時世尊, 又復思惟: "我今當開甘露法門.")

79.

연문이 묻는다 : "저는 알지 못합니다. 어찌하여[340] 불(佛)이라고 합니까? 어찌하여 도(道)라고 합니까? 어찌하여 변화(變化)라고 합니까? 어찌하여 상주(常住)라고 합니까?"

입리가 답한다 : "한 물건도 없음을 깨달아 밝히면 불(佛)이라고 한다. 저 모두에 통하면 도(道)라고 한다. 법계(法界)가 생겨나니 변화(變化)이지만, 마침내 적멸(寂滅)이니 상주(常住)이다."

80.

묻는다 : "어찌하여 모든 법이 전부 불법(佛法)이라고 합니까?"

답한다 : "법도 아니고 법 아님도 아님이 모든 불법이다."

81.

묻는다 : "무엇을 일러 법(法)이라고 합니까? 무엇을 일러 법이 아니라고 합니까? 무엇을 일러 법도 아니고 법 아님도 아니라고 합니까?"

답한다 : "법을 법이라고 일컫고, 법 아님을 법 아님이라고 일컫지만, 법과 법 아님은 헤아려지지 않는다. 그 까닭에 법도 아니고 법 아님도 아니라고 한다."

---

340) 운하(云何) : 어떻게? 어찌하여? 어떤?

82.

묻는다 : "이 말씀은 누가 증명(證明)합니까?"

답한다 : "이 말씀에는 누구라 할 것이 없는데, 어떻게 증명한다고 말하겠는가?"

83.

묻는다 : "누구도 없는데, 어떻게 말합니까?"

답한다 : "누구도 없고 말씀도 없는 것이 곧 바른 말씀이다."

84.

묻는다 : "무엇을 일러 삿된 말씀이라 합니까?"

답한다 : "말하는 자가 있다고 헤아리는 것이다."

85.

묻는다 : "누가 헤아린다면, 어떻게 헤아림이 없습니까?"

답한다 : "헤아리는 것은 다만 말하는 것인데, 말하는 가운데 말이 없으므로, 헤아리는 것 역시 없다."

86.

묻는다 : "이와 같이 말한다면, 모든 중생은 본래 해탈입니까?"

답한다 : "오히려 묶임도 없는데, 어떻게 해탈한 사람이 있겠느냐?"

87.

묻는다 : "이 법은 이름이 무엇입니까?"

답한다 : "오히려 법도 없는데, 하물며 이름이 있겠느냐?"

88.

묻는다 : "이와 같이 말씀하신다면, 저는 더욱 이해하지 못하겠습니다."

답한다 : "진실로 이해할 만한 법은 없으니, 그대는 이해하려 하지 말라."

89.

묻는다 : "어찌하여 마지막 (진실)입니까?"

답한다 : "시작과 끝이 없다."

90.

묻는다 : "원인과 결과가 없을 수 있습니까?"

답한다 : "뿌리가 없다면 가지도 없다."

91.

묻는다 : "어떻게 깨달음을 말합니까?"

답한다 : "진실로 말할 만한 깨달음은 없다."

92.

묻는다 : "어찌하여 알고 본다고 합니까?"

답한다 : "모든 법이 같음을 알고, 모든 법이 평등함을 본다."

93.

묻는다 : "어떤 마음이 알고, 어떤 눈이 봅니까?"

답한다 : "앎 없이 알고, 봄 없이 본다."

94.

묻는다 : "누가 이런 말을 합니까?"

답한다 : "내가 묻는 것과 같다."

95.

묻는다 : "어찌하여 내가 묻는 것과 같다고 합니까?"

답한다 : "그대 스스로 묻는 것을 살펴본다면, 답하는 것 역시 알 수 있다."

96.

여기서 연문(緣門)은 거듭하여 생각하고 살펴보면서 묵묵히 말이 없다. 입리(入理) 선생이 이에 묻는다 : "그대는 무엇 때문에 말을 하지 않는가?"

연문이 답한다 : "저는 대답하여 말할 만한 티끌만 한 한 법도

볼 수 없습니다."

97.

그때 입리 선생은 곧 연문에게 말한다 : "그대는 이제야 참된 도리를 보는 것 같구나."

연문이 묻는다 : "어찌하여 바로 보는 것이 아니라 보는 것과 같다고 합니까?"

입리가 답한다 : "그대가 지금 보는 것에 한 개의 법도 없다면, 마치 저 외도(外道)가 비록 몸을 숨기는 법을 배웠으나 그 그림자나 흔적을 없애지는 못한 것과 같다."

98.

연문이 묻는다 : "어떻게 형체와 그림자가 한꺼번에 사라질 수 있습니까?"

입리가 답한다 : "본래 마음이라는 경계는 없으니, 그대는 생기고 사라진다는 견해를 일으키지 말라."

99.

묻는다 : "범부가 묻는 까닭에, 성인(聖人)은 말하는 것입니까?"

답한다 : "의문이 있기 때문에 묻고, 의문을 해결하기 위하여 말한다."

100.

묻는다 : "제가 듣기로 성인은 의문이 없어도 스스로 말씀하신다고 했는데, 무엇을 해결합니까? 말할 만한 법이 있습니까? 남의 의문을 남몰래 알아보는 것입니까?"

답한다 : "모두가 병에 응하여 약을 베푸는 것이다. 마치 하늘에 천둥소리가 울리면 반드시 반응이 있는 것과 같다."

101.

묻는다 : "큰 성인이신 여래(如來)에겐 이미 생겨나는 마음이 없는데, 무엇에 반응하여 세상에 모습을 드러냅니까?"

답한다 : "무릇 태평스런 세상에는 상서로운 풀이 반응하여 생겨난다."

102.

묻는다 : "여래는 이미 목숨에 다함이 없는데, 어찌하여 적멸하는 모습을 보이십니까?"

답한다 : "배고프고 황량한 세상에는 오곡(五穀)이 반응하여 사라진다."

103.

묻는다 : "제가 듣기로 성인은 슬퍼하면서 선정(禪定)에서 일어나 자비로써 중생을 교화함에 장애 없이 크게 통한다고 합니다.

어떻게 상서로운 풀과 같겠습니까?"

답한다 : "선정은 법신(法身)341)을 일컫고, 보신(報身)342)은 사대(四大)343)로 이루어진 육신(肉身)이다. 앞의 경계를 분별하여 반응하여 일어나는 것을 일러 화신(化身)344)이라고 한다. 법에는 얽매

---

341) 법신(法身) : dharma-kāya. 3신(身)의 하나. 법은 진여(眞如), 법계의 이(理)와 일치한 부처님의 진신(眞身). 빛깔도 형상도 없는 본체신(本體身). 현실로 인간에 출현한 부처님 이상(以上)으로 영원한 불(佛)의 본체. 부처님이 말씀하신 교법, 혹은 부처님이 얻은 계(戒)·정(定)·혜(慧)·해탈(解脫)·해탈지견(解脫知見)을 법신이라 하기도 하나, 일반으로 대승(大乘)에서는 우주의 본체인 진여실상(眞如實相)을 법신이라 말한다.

342) 보신(報身) : Samnābhoga-kāya. 3신(身)의 하나. 인위(因位)에서 지은 한량없는 원과 행의 과보로 나타난, 만덕이 원만한 불신. 보통 2종으로 나누어 자기만이 증득한 법열(法悅)을 느끼고, 다른 이와 함께 하지 않는 자수용보신(自受用報身)과, 다른 이도 같이 이 법열을 받을 수 있는 몸을 나타내어 중생을 제도하는 타수용보신(他受用報身)으로 함.

343) 사대(四大) : 육신(肉身)과 물질(物質)을 구성하는 4대원소(大元素). 지(地)·수(水)·화(火)·풍(風). ①지대(地大). 굳고 단단한(堅) 것을 성(性)으로 하고, 만물을 실을 수 있고, 또 질애(質碍)하는 바탕. ②수대(水大). 습윤(濕潤)을 성으로 하고, 모든 물(物)을 포용(包容)하는 바탕. ③화대(火大). 난(煖)을 성으로 하고, 물(物)을 성숙시키는 바탕. ④풍대(風大). 동(動)을 성으로 하고, 물(物)을 성장케 하는 바탕. 구사종(俱舍宗)에서는 보통으로 눈에 보이는 현색(顯色)·형색(形色)을 가사대(假四大)라 하고, 사대에 의하여 된 것을 신근(身根)의 소속(所觸)으로 하여 실사대(實四大)라 하며, 성실종(成實宗)·법상종(法相宗)에서는 지금의 4대도 가법(假法)이라 함.

344) 화신(化身) : nirmāna-kāya. 변화신(變化身). ①3신의 하나. 각 취(趣)의 중생들에게 알맞은 대상으로 화현(化現)하는 것. 부처님 형상이 아닌 용(龍)·귀(鬼) 등으로 나타내는 몸. ②3신의 하나. 없다가 홀연히 나타내는 형상. 근기에 응하

이는 인(因)345)이 없고 변화를 함에 남는 연(緣)346)이 없어 나타나고 사라짐에 걸림 없이 통하는 것을 일러 장애가 없다고 한다."

104.

묻는다 : "어찌하여 자비(慈悲)를 말합니까?"

답한다 : "다만 화신(化身)에게는 사려(思慮)가 없기 때문에 진공(眞空)에 딱 들어맞고, 만물(萬物)을 애처롭게 여김에는 마음이 없으니 그것을 억지로 일컬어 자비(慈悲)라고 한다."

105.

묻는다 : "중생은 어느 때에 도를 닦아서 여래와 같이 될 수 있습니까?"

답한다 : "만약 깨닫지 못하면, 무한한 세월 동안 도를 닦더라도 더욱더 미치지 못한다. 처음에 만약 깨닫는다면, 중생의 그 몸

여 홀연히 화현한 부처님 형상. ③변화신(變化身). 3신의 하나. 중생들을 구제하기 위하여 부처님이 스스로 변현(變現)하여 중생의 모습이 되는 것. 석가가 중생을 구제하기 위해서 여러 모습으로 이 세상에 나타난 일이다. 응신(應身)이라고도 한다. 불보살이 중생을 교화하기 위하여, 여섯 갈래 중생들에게 보이기 위하여 신통력으로 상대자에게 적당하게 변화하여 나타내는 몸을 말한다.

345) 인(因) : 만물이 생기는 직접 원인.
346) 연(緣) : pratyaya. 순익자생(順益資生)의 뜻. 결과를 내는 데 장애가 되지 않는 힘. 인과 연을 나누어 말하면 직접 원인인 것을 인, 멀리서 도와주는 간접 원인을 연이라 함.

절관론

그대로가 곧 여래이다. 무엇 때문에 여래와 같으니 같지 않으니를 거론하겠는가?"

106.
묻는다 : "만약 말씀한 것과 같다면, 여래는 쉽사리 될 수 있을 것인데, 어찌하여 3대겁(大劫) 동안 수행해야 합니까?"
답한다 : "매우 어렵다."

107.
묻는다 : "만약 지금의 몸을 바꾸지 않는 것이라면, 어찌하여 어렵다고 합니까?"
답한다 : "마음을 일으키기는 쉬우나, 마음을 없애기는 어렵다. 몸을 긍정하기는 쉬우나, 몸을 부정하기는 어렵다. 조작하기는 쉬우나, 조작하지 않기는 어렵다. 그러므로 현묘한 공덕(功德)은 알기 어렵고 묘한 도리(道理)에는 계합(契合)하기 어려움을 알겠다. 움직이지 않는다면 참되지만, 삼성(三聖)[347]도 미치기 어렵다."

108.
이에 연문이 길게 탄식하는데, 그 소리가 온 우주에 가득하다가

---

347) 삼성(三聖) : ①화엄(華嚴) 3성. 비로자나불 · 문수보살 · 보현보살. ②미타(彌陀) 3성. 아미타불 · 관세음보살 · 대세지보살. ③불신(佛身) 3성. 법신 · 보신 · 화신.

문득 소리가 없어지고 확 뚫리면서[348] 크게 깨달았다. 그윽한 빛의 깨끗한 지혜로써 돌이켜보니 의심이 없었다. 비로소 도를 배우는 것이 매우 어려운데 공연히 꿈같은 생각을 일으켰음을 알고는, 곧 목소리를 높여 찬탄하였다.

"좋습니다! 좋습니다! 선생님께서 말씀하시지 않으면서 말씀하시는 것처럼 저도 참으로 들음이 없이 듣습니다. 말씀을 듣고서 한 번 계합(契合)하니, 곧 고요하여 말씀이 없습니다. 선생님의 지금까지의[349] 문답을 무슨 법이라고 일컬어야 할지 모르겠습니다."

이에 입리 선생은 몸을 편안히 하여 움직이지 않으면서 눈으로 말없이 사방을 둘러보고는 소곤소곤 속삭이는 소리로 연문에게 말했다.

"무릇 지극한 도리는 그윽하고 미묘하며 문자(文字)가 없다. 그대가 지금까지 질문한 것들은 모두 헤아림이 일어나고 마음이 생겨난 것이다. 꿈속에서는 여러 가지 실마리가 있다고 말하지만, 깨어나면 한 물건도 없다. 그대가 세속에 유통시키고자 한다면, 질문에 의지하고 이름에 기대어 청(請)함에 자취는 거두어들이듯이 해야 한다. 그러므로 절관론(絶觀論)이라고 일컫는다."

---

348) 활연(豁然) : (마음이) 활짝(탁) 트이는 모양. 확(환히) 풀리는 모양.
349) 향래(向來) : 종전(從前). 이전(以前). 아까. 지금까지의.

達摩和尚 絕觀論

入理緣門一卷

麁是問頭, 緣門起決, 注是答語, 入理除疑, 是名絕觀論.

1.

夫大道沖虛, 幽微寂寞, 不可以心會, 不可以言詮. 今且立二人, 共談眞實, 師主名入理, 弟子號緣門.

2.

於是入理先生寂無言說, 緣門忽起問入理先生曰:"云何名心? 云何安心?"
答曰:"汝不須立心, 亦不須強安, 可謂安矣."

3.

問曰:"若無有心, 云何學道?"
答曰:"道非心念, 何在於心也?"

4.

問曰:"若非心念, 當何以念?"

答曰:"有念卽有心, 有心卽乖道. 無念卽無心, 無心卽眞道."

5.

問曰:"一切衆生實有心不?"

答曰:"若衆生實有心, 卽顚倒. 只爲於無心中而立心, 乃生妄想."

6.

問曰:"無心有何物?"

答曰:"無心卽無物, 無物卽天眞, 天眞卽大道."

7.

問曰:"衆生妄想, 云何得滅?"

答曰:"若見妄想, 及見滅者, 不離妄想."

8.

問曰:"不遣滅者, 得合道理否?"

答曰:"若言合與不合, 亦不離妄想."

9.

問曰:"若爲時是?"

答曰:"不爲時是."

10.

緣門問曰:"夫言聖人者, 當斷何法, 當得何法, 而云聖也?"

入理曰:"一法不斷, 一法不得, 卽爲聖也."

11.

問曰:"若不斷不得, 與凡何異?"

答曰:"不同. 何以故? 一切凡夫, 妄有所斷, 妄有所得."

12.

問曰:"今言凡有所得, 聖無所得. 然得與不得, 有何異?"

答曰:"凡有所得, 卽有虛妄, 聖無所得, 卽無虛妄. 有虛妄故, 卽論同與不同, 無虛妄故, 卽無異無不異."

13.

問曰:"若無異者, 聖名何立?"

答曰:"凡夫之與聖人, 二俱是名. 名中無二, 卽無差別, 如說龜毛兔角."

14.

問曰:"若聖人同龜毛兔角者, 應是畢竟無, 令人學何物?"

答曰:"我說龜毛無, 不說龜亦無. 汝何以設此難也?"

15.

問曰:"無毛喻何物, 龜喻何物?"

答曰:"龜喻於道, 毛喻於我. 故聖人無我而有道. 但彼凡夫而有我有名者, 如橫執有龜毛兔角也."

16.

問曰:"若如此者, 道應是有, 我應是無. 若是有無, 豈非有無之見?"

答曰:"道非是有, 我非是無. 何以故? 龜非先無今有, 故不言有, 毛非先有今無, 故不言無. 道之與我, 譬類可知."

17.

問曰:"夫求道者, 爲一人得耶, 爲衆人得耶? 爲各各得耶, 爲惣共有之? 爲本來有之, 爲復修成得之?"

答曰:"皆不如汝所說. 何以故? 若一人得者, 道卽不遍. 若衆人得者, 道卽有窮. 若各各得者, 道卽有數. 若?共得者, 方便卽空. 若本來有者, 萬行虛設. 若修成得者, 造作非眞."

18.

問曰:"究竟云何?"

答曰:"離一切根量分別貪欲."

19.

緣門問曰:"凡夫有身, 亦見聞覺知, 聖人有身, 亦見聞覺知, 中有何異?"

答曰:"凡夫眼見耳聞身覺意知. 聖人卽不爾, 見非眼見, 乃至知非意知. 何以故? 過根量故也."

20.

問曰:"何故, 經中復說, 聖人無見聞覺知者? 何?[350]"

答曰:"聖人無凡夫見聞覺知, 非無. 聖境界非有無所攝, 離分別故也."

21.

問曰:"凡夫實有凡境界耶?"

答曰:"實無妄有, 本來寂滅. 但被虛妄計著, 卽生顚倒也."

22.

問曰:"我不解. 若爲聖見非眼見, 聖知非意知?"

答曰:"法體難見, 譬況可知? 如彼玄光鑒物, 如照所照, 非有能照之眼. 又如陰陽候物, 似知所知, 非有能知之意也."

23.

緣門起問曰:"道究竟屬誰?"

---

350) 하(何)는 쓸데없이 들어가 있는 글자.

答曰："究竟無所屬, 如空無所依. 道若有繫屬, 即有遮有開, 有主有寄也."

24.

問曰："云何爲道本? 云何爲法用?"

答曰："虛空爲道本, 參羅爲法用也."

25.

問曰："於中誰爲造作?"

答曰："於中實無作者, 法界性自然."

26.

問曰："可不是衆生業力所爲耶?"

答曰："夫受業者, 而爲業繫所纏, 自因無由. 何暇繫海積山, 安天置地?"

27.

問曰："蓋聞菩薩有意生身, 豈不由神通之力耶?"

答曰："凡夫有漏之業, 聖人無漏之業. 彼雖勝劣有殊, 由未是自然之道. 故云：'種種意生身, 我說爲心量.'"

28.

問曰："旣言空爲道本, 空是佛不?"

答曰："如是."

29.

問曰："若空是者, 聖人何遣衆生念空, 而令念佛也？"

答曰："爲愚癡衆生, 教令念佛. 若有道心之士, 即令觀身實相, 觀佛亦然. 夫言實相者, 即是空無相也."

30.

緣門起問曰："蓋聞外道亦得五通, 菩薩亦得共彼, 有何異也？"

入理答曰："不同. 何以故？外道謂有能得者. 菩薩即不爾, 了達無我故也."

31.

問曰："自有始, 凡初學入理未圓, 微証眞如, 薄知妙理. 與彼外道五通, 何者勝？"

答曰："先取入理微証, 何用彼達事五通乎也？"

32.

問曰："若得五通者, 交爲世所尊, 交爲世所重, 前知未然, 卻知過事, 自防愆犯, 豈不勝哉？"

答曰："不然. 何以故？一切世人, 心多著相, 貪緣事業, 假僞亂眞. 彼雖有勝意之通, 善星之弁, 若不知實相之理, 皆不免沒於裂地之患."

33.

緣門問曰："道者, 爲獨在於形靈之中耶？亦在於草木之中耶？"

入理曰:"道無所不遍也."

34.

問曰:"道若遍者, 何故煞人有罪, 煞草木無罪?"

答曰:"夫言罪不罪, 皆是就情約事, 非正道也. 但爲世人不達道理, 妄立我身, 煞卽有心. 心結於業, 卽云罪也. 草木無情, 本來合道, 無我故, 煞者不計. 卽不論罪與非罪. 夫無我合道者, 視形如草木, 被斫如樹林. 故文殊執劍於瞿曇, 鴦掘持刀於釋氏. 此皆合道, 同証不生, 了知幻化虛無. 故卽不論罪與非罪."

35.

問曰:"若草木久來合道, 經中何故不記草木成佛, 偏記人也?"

答曰:"非獨記人, 亦記草木. 經云: '於一微塵中, 具含一切法.' 又云: '一切法亦如也, 一切衆生亦如也.' 如無二無差別."

36.

緣門問曰:"如是畢竟空理, 當於何証?"

入理曰:"當於一切色中求, 當於自語中証."

37.

問曰:"云何當於一切色中求, 當於自語中証? 云何色中求? 云何語中証?"

答曰:"空色一合, 語証不二也."

38.

問曰："若一切法空，何爲聖通凡雍？"

答曰："妄動故雍，眞靜故通."

39.

問曰："旣實空者，何爲受薰？若旣受薰，豈成空也？"

答曰："夫言妄者，不覺忽而起，不覺忽而動．其實空體中，無有一法而受薰."

40.

問曰："若實空者，一切衆生卽不修道．何以故？自然性是故."

答曰："一切衆生，若解空理，實亦不假修道．只爲於空不空，生於有惑."

41.

問曰："若如此者，應離惑有道，云何言一切非道？"

答曰："不然．非惑卽是道，非離惑是道．何以故？如人醉時非醒，醒時非醉．然不離醉有醒，亦非醉卽是醒也."

42.

問曰："若人醒時，致醉何在？"

答曰："如手翻覆，若手翻時，不應更問手何在."

43.

緣門問曰:"若人不達此理, 得說法化衆生不?"

入理曰:"不得. 何以故? 自眼未明, 焉治他目."

44.

問曰:"隨其智力, 方便化之, 豈不得耶?"

答曰:"若達道理者, 可名智力. 若不達道理, 名爲無明力. 何以故? 助己煩惱, 作氣力故也."

45.

問曰:"雖然不能如理化人, 且敎衆生, 行十善五戒, 安處人天, 豈不益哉?"

答曰:"至理無益, 更招二損. 何以故? 自陷陷他故. 自陷者, 所謂自妨於道, 陷他者, 所謂不免輪迴六趣也."

46.

問曰:"聖人豈不說五乘有差別耶?"

答曰:"聖人無心說差別法, 但彼衆生自心悕望現. 故經云:'若彼心滅盡, 無乘及乘者. 無有乘建立, 我說爲一乘也.'"

47.

緣門問曰:"何爲眞學道人, 不爲他所知, 不爲他所識? 何爲也?"

答曰:"奇珍非爲貧窮之所識, 眞人非爲群邪僞人之所知."

48.

問曰:"世有僞人, 不閑正理. 外現威儀, 專精事業, 多爲男女親近者, 何也?"

答曰:"如婬女招群男,〔自/死〕³⁵¹⁾〔宀/六〕³⁵²⁾來衆蠅. 此爲名相之所致也."

49.

緣門問曰:"云何菩薩行於非道, 爲通達佛道?"

答曰:"善惡無分別也."

50.

問曰:"何謂無分別?"

答曰:"於法不生心也."

51.

問曰:"可無作者乎?"

答曰:"非有無作者也."

52.

問曰:"不覺知乎?"

---

351)〔自/死〕: 취(臭)의 속자(俗字)
352)〔宀/六〕: 육(肉)의 고자(古字).

答曰:"雖知, 無我也."

53.
問曰:"無我, 何有知?"
答曰:"知亦自無性."

54.
問曰:"道我, 有何妨?"
答曰:"知名亦不妨. 只恐心中有事."

55.
問曰:"有事, 有何妨?"
答曰:"無妨即無事. 無事, 問何妨?"

56.
問曰:"若簡有事取無事者, 云何名行非道耶?"
答曰:"其實無事, 汝强遣他生事, 作何物?"

57.
問曰:"叵有因緣得煞生不?"
答曰:"野火燒山, 猛風折樹, 崩崖壓獸, 汎水漂虫. 心同如此, 合人亦煞. 若有猶預之心, 見生見煞, 中有心不盡, 乃至蟻子亦繫你命也."

58.

問曰："叵有因緣得偷盜不？"

答曰："蜂採池花，雀銜庭粟，牛飡澤豆，馬噉原禾．畢竟不作他物解，合山嶽亦擎取得．若不如此，乃至針鋒縷葉，亦繫你項作奴婢．"

59.

問曰："叵有因緣得行婬不？"

答曰："天覆於地，陽合於陰，廁承上漏，泉澍於溝．心同如此，一切行處無障礙．若情生分別，乃至自家婦亦污你心也．"

60.

問曰："叵有因緣得妄語不？"

答曰："語而無主，言而無心，聲同鐘響，氣類風音．心同如此，道佛亦是無．若不如此，乃至稱佛，亦是妄語．"

61.

緣門起問曰："若不存身見，云何行住坐臥也？"

答曰："但行住坐臥，何須立身見？"

62.

問曰："既不存者，得思惟義理不？"

答曰："若計有心，不思惟亦有．若了無心，設思惟亦無．何以故？譬如禪師淨坐而興慮, 猛風亂動而無心也."

63.

緣門問曰：" 若有初學道人, 忽遇因緣, 他欲來害, 云何對治而合道乎？"

答曰："一箇不須對治. 何以故？可避避之, 不可避任之, 可忍忍之, 不可忍哭之."

64.

問曰："若哭, 與他有我見人何別？"

答曰："如杵扣鐘, 其聲自然出也. 何必即有我乎？汝若强死捉心, 嚙齒噤忍, 此乃存大大我."

65.

問曰："人之哀哭, 中有情動, 豈同鐘響？"

答曰："言同與不同者, 但是汝多事妄想思量作是問. 若無心分別者, 道體自然."

66.

問曰："吾聞聖人, 兵不傷, 苦不枉, 色不受, 心不動. 此何謂也？"

答曰："若了一切法即無我, 聲與不聲, 動與不動, 俱合道理, 無妨礙."

67.

緣門問曰:"我見, 有學道人, 不多專精持戒, 護威儀不慇懃, 不化眾生, 騰騰任運者, 何意也?"

答曰:"欲亡一切分別心, 欲滅一切諸有見, 雖似騰騰任運, 而內行無間."

68.

問曰:"如此行者, 乃更生他小兒之見, 云何言能滅見也?"

答曰:"但滅汝見, 何慮他生? 譬如魚脫深淵, 何慮捕者嫌爾?"

69.

問曰:"若此者, 即是自益損他, 何名大士?"

答曰:"汝見若不生, 彼即不生. 汝今玄慮他生, 乃是自生, 非他生也."

70.

問曰:"內通大理, 外現小儀, 於法何損?"

答曰:"汝今強欲要他大老子, 作小兒戲, 於理何益?"

71.

問曰:"如是滅見大士, 何人能識? 何人能知也?"

答曰:"証者乃知, 行者能識."

72.

問曰:"如此大士, 亦能化生不?"

答曰:"何有日月不照, 燈擧不明?"

73.

問曰:"作何方便?"

答曰:"正直, 無方便."

74.

問曰:"若無方便, 云何利益?"

答曰:"物來而名, 事至而應, 無心計校, 有預算之緣?"

75.

問曰:"我聞如來七日思惟, 起乎方便. 云何而言無有計校之心?"

答曰:"諸佛境界, 非思量覺觀所知."

76.

問曰:"佛豈妄語耶?"

答曰:"眞實非虛妄."

77.

問曰:"云何經說思惟, 今言不思惟?"

答曰:"化門方便也."

78.

問曰:"諸佛方便從何而生?"

答曰:"諸佛不生. 但從心生. 緣化萬有, 法本無名."

79.

緣門問曰:"我不知, 云何名爲佛? 云何名爲道? 云何名變化? 云何名常住?"

入理答曰:"覺了無物, 謂之佛. 通彼一切, 謂之道. 法界出生爲變化. 究竟寂滅爲常住."

80.

問曰:"云何名一切法悉是佛法?"

答曰:"非法非非法, 是一切佛法也."

81.

問曰:"何名爲法? 何名非法? 何名非法非非法也?"

答曰:"是法名是法, 非法名非法, 是非非所量, 故名非法非非法."

82.

問曰:"此說誰証?"

答曰: "此說非誰, 云何言証?"

83.

問曰: "無誰何說?"

答曰: "無誰無說, 卽是正說."

84.

問曰: "何名邪說?"

答曰: "計有說者."

85.

問曰: "是誰之計, 云何無計?"

答曰: "計者但語, 語中無語, 計者亦無."

86.

問曰: "若此說者, 卽一切衆生本來解脫."

答曰: "尙無繫縛, 何有解脫人?"

87.

問曰: "此法何名?"

答曰: "尙無有法, 何況有名?"

88.

問曰:"若此說者, 我轉不解."

答曰:"實無解法, 汝勿求解."

89.

問曰:"云何究竟?"

答曰:"無始終."

90.

問曰:"可無因果耶?"

答曰:"無本即無末."

91.

問曰:"云何說証?"

答曰:"眞實無証說."

92.

問曰:"云何知見?"

答曰:"知一切法如, 見一切法等."

93.

問曰:"何心之知? 何目之見?"

答曰:"無知之知, 無見之見."

94.

問曰:"誰說是言?"

答曰:"如我所問."

95.

問曰:"云何如我所問?"

答曰:"汝自觀問, 答亦可知."

96.

於是緣門再思再審, 寂然無言也. 入理先生乃問曰:"汝何以不言?"

緣門答曰:"我不見一法如微塵許而可對說."

97.

爾時入理先生卽語緣門曰:"汝今似見眞實理也."

緣門問曰:"云何似見非正見乎?"

入理答曰:"汝今所見, 無有一法者, 如彼外道, 雖學隱形, 而未能滅影亡跡."

98.

緣門問曰:"云何得形影俱滅也?"

入理答曰:"本無心境, 汝莫起生滅之見."

99.

問曰:"凡夫所以問, 聖人所以說?"

答曰:"有疑故問, 爲決疑故說也."

100.

問曰:"吾聞聖人無問而自說, 何決也? 是有法可說耶? 爲是玄見他疑耶?"

答曰:"皆是對病施藥也. 如天雷聲動, 必有所應."

101.

問曰:"大聖如來, 旣無有心生, 緣何現世?"

答曰:"夫太平之世, 瑞草緣生."

102.

問曰:"如來旣非命盡, 云何現滅?"

答曰:"飢荒之世, 五穀緣滅也."

103.

問曰:"吾聞聖人, 哀從定起, 悲化群生, 無礙大通. 豈同瑞草也?"

答曰:"定謂法身, 報身四大〔亠/六〕身也. 分別前境應起謂化身, 法無因繫, 化無緣留, 出沒虛通, 故曰無礙也."

104.

問曰: "云何言悲?"

答曰: "但以化身無慮, 體合真空, 仁物無心, 彼強謂之悲."

105.

問曰: "眾生何時修道得似如來?"

答曰: "若不了者, 於恆沙劫修道, 轉轉不及. 初若了者, 眾生當身, 即是如來. 何論得似不似?"

106.

問曰: "若如說者, 如來即是易得, 云何言三大劫修?"

答曰: "甚難也."

107.

問曰: "若不轉即身是, 云何名難?"

答曰: "起心易, 滅心難. 是身易, 非身難. 有作易, 無作難. 故知玄功難會, 妙理難合. 不動即真, 三聖希及."

108.

於是緣門長歎, 聲滿十方, 忽然無音, 豁然大悟. 玄光淨智, 返照無疑.

始知學道奇難, 徒興夢慮, 而卽高聲歎曰:"善哉! 善哉! 如先生無說而說, 我實無聞而聞. 聞說一合, 卽寂寞無說. 不知先生向來問答, 名誰何法?"

於是入理先生, 身安不動, 目擊無言, 顧視四方, 呵呵嘟嘟, 而謂緣門曰:"夫至理幽微, 無有文字. 汝向來所問, 皆是量起心生. 夢謂多端, 覺已無物. 汝欲流通於世, 寄問假名, 請若收蹤. 故名絕觀論也."

연문론(緣門論) 1권

???353)아(阿)와 지징(志澄) 사리(闍梨)가 각자 한 개 판본을 맡아서 교감(校勘)을 마치다.

1.

묻는다 : "사람에게는 모두 마음이 있는데, 어떤 방편을 써야 생겨나는 마음이 없을 수 있습니까?"

답한다 : "하근기·중근기·상근기가 수행하여 자기 마음이 망상(妄想)임을 볼 수 있고, 삼계(三界)354)가 환상(幻相)과 같아 참으

---

353) 목판본의 글자가 탈락되어 무슨 자인지 알 수 없음.
354) 삼계(三界) : 아직 해탈하지 못한 중생(衆生)의 정신세계를 셋으로 분류한 것. 욕계(欲界)·색계(色界)·무색계(無色界). 욕계는 욕망에 사로잡힌 중생이 거주하는 세계로, 천(天)·인간(人間)·축생(畜生)·아귀(餓鬼)·지옥(地獄)·아수라(阿修羅) 등의 육도(六道)가 포함된다. 색계는 욕망은 초월하였지만 물질적 조건[色]에 사로잡힌 수행자의 세계이다. 무색계는 욕망도 물질적 조건도 초월하고 순수한 정신만을 지닌 수행자의 세계이다. 무색계에는 물질인 색(色)은 없고, 수(受)·상(想)·행(行)·식(識)의 4온(蘊)만 있는데, 여기에는 공무변처(空無邊處)·식무변처(識無邊處)·무소유처(無所有處)·비상비비상처(非想非非想處)의 넷이 있다. 공무변처는 물질인 이 육신을 싫어하고 가없는 허공의 막힘 없음을 기뻐하는 곳이다. 식무변처는 가없는 공(空)을 싫어하여 마음을 돌려 식(識)과 반응하며, 식과 서로 대응하여 마음이 고정되어 과거·현재·미래의 식이 다 나타나는 곳이다. 무소유처는 공을 싫어하여 식과 관계하지만 과거·현

로 공(空)임을 볼 수 있어야 비로소 벗어날 수 있다."

2.

묻는다 : "모든 중생들이 환상과 같고 꿈과 같다면, 제가 그들을 죽인다고 죄가 있겠습니까?"

답한다 : "만약 중생을 중생으로 보고서 그들을 죽이면 죄가 있겠지만, 중생을 중생으로 보지 않는다면 죽일 것도 없다. 마치 꿈속에서 사람을 죽였는데, 깨어날 때에는 결국 아무것도 없는 것과 같다."

3.

묻는다 : "어떻게 도(道)에 들어갑니까?"

답한다 : "마음은 있는 것도 아니고 없는 것도 아닌데, 도에 들어감을 왜 묻느냐? 도에 들어감을 알고자 한다면, 들어가지도 않고 나가지도 않는 마음이 그것이다."

재·미래에 늘 관계하는 식(識)은 실제로 있는 것이 아님을 아는 곳이다. 비상비비상처는 비유상비무상처(非有想非無想處)라고도 하는데, 3계(界)의 맨 위에 있어서 그 아래의 세계와 같은 거친 생각이 없으므로 비상(非想) 또는 비유상(非有想)이지만, 세밀한 생각은 없지 아니하므로 비비상(非非想) 또는 비무상(非無想)이며, 거친 생각이 없는 비유상이므로 외도들은 참된 열반(涅槃)이라 하지만 미세한 생각은 있는 비무상이므로 불교에서는 중생심이라 한다.

4.

묻는다 : "사람이 술을 마시고 고기를 먹고 모든 오욕(五欲)³⁵⁵⁾을 행하면서 불법(佛法)을 행할 수 있습니까?"

답한다 : "마음도 오히려 있는 것이 아닌데, 누가 옳으니 그르니 하느냐?"

5.

묻는다 : "무엇을 일러 불법(佛法)이라 합니까?"

답한다 : "마음에는 (마음이라는) 법(法)이 없음을 알면 곧 불법이다."

6.

묻는다 : "무엇을 일러 무분별지(無分別智)³⁵⁶⁾라고 합니까?"

답한다 : "인식(認識)³⁵⁷⁾이 생겨나지 않고, 사유(思惟)³⁵⁸⁾가 일어

---

355) 오욕(五欲) : 색욕(色欲)·성욕(聲欲)·향욕(香欲)·미욕(味欲)·촉욕(觸欲) 등 다섯 가지 욕망을 가리키거나, 재욕(財欲)·색욕(色欲)·음식욕(飮食欲)·명예욕(名譽欲)·수면욕(睡眠欲) 등의 다섯을 가리킨다.

356) 무분별지(無分別智) : ↔유분별지(有分別智). 올바르게 진여(眞如)를 체득하는 지혜. 진여의 모양은 우리들의 언어나 문자로서는 어떻게 형용할 수도 분별할 수도 없으므로, 분별심(分別心)을 가지고는 그 본바탕 자성(自性)에 계합(契合)할 수 없다. 그리하여 모든 생각과 분별을 여읜 모양 없는 참 지혜로만 비로소 알 수 있다. 이런 지혜를 무분별지라 한다.

357) 현식(現識) : ①경계(境界)를 나타내는 식. 아뢰야식이 여러 가지 객관세계의 모

나지 않는 것이다."

7.

묻는다 : "무엇을 일러 망상(妄想)이라 합니까?"
답한다 : "생각하는359) 마음이다."

8.

묻는다 : "어떻게 망상을 쉽니까?"
답한다 : "망상이 생겨나지 않음을 알면, 쉬어야 할 망상도 없다. 마음에 마음이 없음을 알면, 쉬어야 할 마음도 없는 것이 그것이다."

9.

묻는다 : "무엇을 일러 여래장(如來藏)360)이라고 합니까?"

든 현상을 나타내는 것. ②현행(現行)하는 식. 아뢰야식 가운데에 들어 있는 종자에서 발현하는 이숙식(異熟識)과 능훈식(能熏識).
358) 각관(覺觀) : 총체적으로 사고하는 굵다란 사유(思惟)를 각(覺)이라 하고, 분석적으로 상세히 관찰하는 세밀한 사유(思惟)를 관(觀)이라 함.
359) 상념(想念) : 마음에 떠오르는 생각.
360) 여래장(如來藏) : 여래의 태(胎 : 모태와 태아의 어느 쪽을 의미함)라는 뜻. 성장하여 부처님이 될 만한 태아라고도, 그 태에 부처님이 머무른 것이라고도 할 수 있으나, 어느 쪽이든 간단히 마음으로써가 아니라 중생을 그 존재 가능성 전체에서 파악한 표현이다. 동시에 객진번뇌(客塵煩惱 : 우연적이고 외래적인 번뇌, 비본질적

답한다 : "보이는 세계[361]가 곧 자기 마음이 드러난 것임을 깨달아 안다면, 망상(妄想)이 일어나지 않는 까닭에 곧 여래장이다."

인 번뇌)가 따라다니고 있는 상태로 부처님과 같지 않다. 범부의 마음속에 존재하고 있는 여래가 될 만한 요인이고, 부처님이 될 수 있는 청정한 가능성을 가진 것이다. 여래장은 번뇌 속에 숨겨져 존재하고 있으나 그것이 노출되어 모습을 나타낸 것을 가리켜 법신(法身)이라 부른다. 여래장과 법신의 상즉(相卽)을 명확히 하며, 여래장을 관찰하는 지혜를 불공(不空 : 如來藏智), 법신을 관찰하는 지혜를 공(空 : 如來空智)이라 부르고 있다. 여래 안에 우리가 있고, 우리 안에 여래가 있다는 두 가지 역(逆)의 의의가 있다. 이러한 여래장(如來藏) 사상은 『승만경』에 잘 나타나 있다. 승만부인은 『승만경』에서 부처님의 허락을 받고서 중생을 구제하는 부처님의 가르침은 하나뿐이라는 설법을 한다. 그에 따르면 부처님이 되는 가르침을 마음속에 받아들여 닦는 것이 대승의 교리라는 것이다. 성문, 연각, 보살이 제각기 닦는 3교도 성불하기 위한 대승의 교리를 닦기 위함이며, 성문이나 연각이 얻는 결과도 대승의 교리를 닦아서 얻는 것과 다른 것이 아니라고 한다. 성문, 연각이 닦는 교리는 부처님이 방편으로 내놓는 것이며 대승의 가르침을 닦기 위한 사다리다. 중생을 구제하는 하나의 교리 이외에 또 다른 교리가 있을 수는 없다. 그러므로 성불해서 열반에 드는 대승의 교리야 말로 중생을 구제하는 부처님의 유일한 가르침이라는 것이다. 이러한 『승만경』의 핵심 사상이 바로 여래장(如來藏) 사상이라고 알려져 있는 것이다. 이 여래장이란 말은 모든 사람들이 여래가 될 수 있다는 가능성을 말하는 것으로, '불성(佛性)'이라고 부르기도 한다. 그러면 승만부인의 입을 통해 여래장이 무엇인지 들어보면 다음과 같다. "세존이시여, 생사는 여래장에 의지하는 것입니다. 여래장을 가지고 있기 때문에 본제(本際)를 알 수 없다고 말합니다. 세존이시여, 여래장이 있기 때문에 생사가 있는 것입니다. 이것을 선설(善說)이라고 합니다. 세존이시여, 생로병사라는 것은 여러 감각기관이 생겨났다가 소멸하는 것입니다. 이것을 생사라고 합니다. 세존이시여, 생사란 이법(二法)을 말하며 이것이 여래장입니다. 세상에 말이 있기 때문에 생이 있고 사가 있는 것입니다. 사란 감각기관이 붕괴되는 일이고, 생은 새로이 감각기관이 생겨나는 일입니다. 여

10.

묻는다 : "세속(世俗) 사람들이 배우고 닦는다면 도를 이룹니까?"

답한다 : "입으로는 도를 닦는다고 말하지만, 실제로 행하여 이룰 수는 없다. 세속 사람들이 모두 처음에는 마음을 두지만, 오랜 시간이 지난 뒤에는 곧 게을러진다.

그러므로 말하기를 '실제로 행하는 자는 입으로 말하여 도를 얻지는 않는다.'라고 하고, 또 말하기를 '병사(兵士)가 겁을 먹으면 적과 대적할 수 없고, 말이 허약하면 타고 다닐 수가 없다.'라고 한다."

11.

묻는다 : "어찌하여 이름과 모습[362]이 없습니까?"

래장에 생사가 있는 것은 아닙니다. 여래장은 유위(有爲)의 상을 벗어나 있습니다. 여래장은 상주불변입니다. 그렇기 때문에 여래장은 의지하고 유지하고 건립되는 것입니다." 한 마디로 여래장은 생하는 일도 없고 멸하는 일도 없는 무위법(無爲法)이자, 생멸하는 유위법(有爲法)의 기반이 되기도 한다는 것이다. 이러한 여래장은 본성이 청정한 존재이기도 하지만 또 번뇌에 물들기도 하는데 이것을 승만부인은 이렇게 말하고 있다. "세존이시여, 여래장이란 법계장이며, 법신장(法身藏)이며, 출세간의 상상장장(上上藏)이며, 자성청정장(自性淸淨藏)입니다. 이 자성청정한 여래장은 그럼에도 불구하고 객진번뇌(客塵煩惱)와 상번뇌(上煩惱)로 오염되기도 하는 불가사의한 경계입니다." 끝으로 승만부인은 그러한 불가사의한 경계는 오직 부처님만이 알 수 있는 영역임을 밝히고 있다.

361) 색진(色塵) : 5진(塵)의 하나. 6진의 하나. 안근(眼根)·안식(眼識)의 대경. 곧 물질 세계. 진성(眞性)을 더럽히고, 번뇌를 일으키므로 진(塵)이라 함.

답한다 : "마음 속에서 구하는 것이 아견(我見)³⁶³)이 없음을 증명하니, 말을 하면 가명(假名)이요, 말을 하면 가상(假相)이니, 보고 · 듣고 · 느끼고 · 앎에 무슨 이름과 모습이 있겠느냐?"

12.

묻는다 : "어떤 행위를 하여야 무색계(無色界)³⁶⁴)에 태어납니까?"

답한다 : "이 사람은 다른 방법(方法)은 알지 못하고, 모두가 망상(妄想)을 쉬고 마음을 보는 것이다. 비록 마음이 고요하게 되었더라도, 오랜 뒤에는 도리어 움직이게 된다.

경전에서 말했다. '미래의³⁶⁵) 비구는 마치 개가 흙덩이를 쫓아가는 것과 같을 것이다.'³⁶⁶) 사람이 이미 흙덩이를 던졌는데, 개는

---

362) 명상(名相) : 5법 중의 2법. 모든 사물에 명(名)과 상(相)이 있다. 귀로 들어야 하는 것을 명, 눈으로 보아야 하는 것을 상이라 한다. 다 같이 헛된 것으로 법의 실성에는 계합치 않으나 범부는 이 명상을 분별하여 여러 가지 망혹(妄惑)을 일으킨다.

363) 인아(人我) : ①↔법아(法我). 5온(蘊)이 화합하여 이루어진 신체에 실재한 것 같이 생각되는 상일주재(常一主宰)의 아(我)를 말함. 이런 견해를 인아견(人我見), 또는 아견(我見)이라 함. ⇒인아견(人我見) ②다른 이와 자기라는 뜻.

364) 무색계(無色界) : 3계의 하나. 색계(色界) 위에 있어 물질을 여읜 순 정신적 존재인 세계. 색계가 색신에 얽매여 자유를 얻지 못함을 싫어하고, 더 나아가서 들어가는 세계. 이 세계에는 온갖 형색(形色)은 없고 수(受) · 상(想) · 행(行) · 식(識)의 4온(蘊)만 있다. 여기에 공무변처(空無邊處) · 식무변처(識無邊處) · 무소유처(無所有處) · 비상비비상처(非想非非想處)의 4천이 있다.

365) 당래(當來) : ①미래. 장래. ②오자마자. 곧장. 바로 올 그 때.

절관론 213

흙덩이가 사람에게서 나온 줄을 알지 못하고, 흙덩이를 물어 뜯으며 사람을 물지 않는다. 만약 사람을 문다면, 흙덩이는 저절로 쉬어질 것이다.

도를 닦는 사람이 만약 마음의 영역[367]을 밝힌다면, 역시 이와 같다."

13.

묻는다 : "부처님은 중생을 다 제도(濟度)한 연후에 성불(成佛)합니까? 중생을 아직 제도하기 전에 부처님이 이미 성불하였습니까?"

답한다 : "부처님에게는 저절로 해결이 된다. 비유하면, 손님이 어두운 방에 앉아 있는데 주인이 불을 붙여서 손님을 비추려고 한다면, 바로 불이 붙을 때에는 주인이 먼저 비추어지는 것과 같다. 보살이 중생을 제도하려고 하는 것도 그러하여, 공덕(功德)이 다 갖추어지기 이전에[368] 성불한다."

---

366) 『대보적경(大寶積經)』 제112권 「보명보살회(普明菩薩會) 제43」에 다음 구절이 나온다 : 이와 같이 대가섭이여, 미래의 비구는 개가 흙덩이를 쫓아가는 것과 같을 것이다. 어떤 것이 비구가 흙덩이를 쫓아가는 것과 같은가? 비유하면, 사람이 흙덩이를 개에게 던졌는데, 개가 곧 사람을 내버리고 흙덩이를 쫓아가는 것과 같다.(如是大迦葉, 當來比丘如犬逐塊. 云何比丘如犬逐塊? 譬如有人以塊擲犬, 犬卽捨人而往逐之.)

367) 심량(心量) : ①유심(唯心)과 같음. ②중생이 마음에 미혹을 일으켜 갖가지 외계의 대상을 생각하는 것. ③마음의 영역.

14.

묻는다 : "중생의 본바탕369)은 어떠합니까?"

답한다 : "부처도 없고 중생도 없고 아상(我相)370)을 보지 않는다면, 곧 본바탕이다.

(법을 관찰하고 실행함에는 연유(緣由)가 있는데, 이름 없는 상사(上士)371)가 편집하였다.)

비유하면, 광석(鑛石) 속에 비록 금(金)이 있더라도, 공(功)을 들이지 않으면 결코 얻을 수 없고 공을 들이는 자가 금을 얻는 것과 같다.

마음 역시 이와 같아서, 비록 본래 늘 고요함을 알더라도, 관찰(觀察)하지 않으면 안정(安定)될 수 없다.

모든 배우는 자들에게 권하노니, 언제나 늘 안으로 비추어서 물건이 잡히면 버리도록 하라.

---

368) 재전(在前) : 이전. 종전.

369) 본법(本法) : 근본이 되는 것. 본바탕.

370) 인아상(人我相) : ①타인에 대하여 자기를 주(主)로 생각하고 집착하는 상태. 아집(我執). ②아상(我相). 아견(我見). 5온이 화합하여 조직된 것을 실아(實我)가 있다고 하고 또 내 것이 있는 줄로 생각하는 것.

371) 상사(上士) : 보살. 자기만 해탈하려 하고, 남을 해탈케 하려고 생각하지 않는 이를 중사(中士), 두 가지 생각이 다 없는 이를 하사(下士)라 함에 대하여, 자타를 함께 해탈케 하려고 생각하는 보살을 상사라 함.

만약 사람이 도를 구하면서 이것을 익히지 않는다면, 천겁 만
겁이 지나도 헛된 공부이니, 헛되이 스스로 피로하며 괴로운 고
생을 견디다가, 마침내 삼악도(三惡道)³⁷²)에 떨어짐을 면하지 못
하리라.

비유하면 소(蘇)³⁷³)를 구하여 물을 휘젓는 것과 같으니, 있는 힘
을 다하여도 얻지 못하는 것은 참으로 어리석음 때문이다.

지혜로운 자는 마음을 찾고 부처를 찾지 않으니, 본래 마음의
근원을 밝히면 남은 일이 없고, 또한 소(蘇)를 구하여 연유(煉乳)
를 휘젓는 것과 같으니, 공력(功力)을 낭비하지 않고 금방 소(蘇)
가 된다."

15.

묻는다 : "모든 부처님과 성인(聖人)들께서 푸르거나 누렇거나
붉거나 희게 법(法)을 보신다고³⁷⁴) 말씀하심은 무슨 뜻입니까?"

---

372) 삼도(三塗) : 화도(火塗:지옥) · 혈도(血塗:축생) · 도도(刀塗:아귀)의 삼악도(三
惡道).
373) 소(蘇) : 농축(濃縮) 우유(牛乳)인 연유(煉乳)를 정제(精製)한 것. 전통적인 정제
법은 우유를 냄비(접시 모양의 철제 냄비)에 넣고 가열하면서 주걱으로 휘저어
수분을 증발시켰다.
374) 관법(觀法) : ①법을 관(觀)함. 곧 마음으로 진리를 관념(觀念)하는 것. 불교에
대한 실천 수행을 가리키는 말. 관심(觀心)은 주관인 마음을 관하는 것, 관법은
객관 대상을 관하는 것으로, 불교 관념론 철학에서는 주관과 객관이 서로 융통
(融通)하고 상즉(相卽)하므로 관법이 관심과 같다. ②관심(觀心)을 수행하는 방

답한다 : "바로 중생을 제약(制約)하여 안주(安住)시키는 것이다. 이것은 마음을 안주시키는 주심법(住心法)이며, 또한 보이는 것은 모두 진실하지 않다는 것을 사람이 알아차리는 것에 해당한다.

어떻게[375] 아는가?

모든 사물 위에서 혹 푸른색을 보거나 혹 누런색을 본다면, 모든 보이는 것은 전부 진실하지 않다.

요즈음 사람들이 광명(光明)을 내는 것을 성스럽게 여기는 것은 큰 잘못이다."

16.

묻는다 : "관(觀)을 행하여 또 과거와 미래를 아는 것은 어떻습니까?"

답한다 : "마음이 고요함으로 말미암아 아는 것이니, 설사 안다고 하더라도[376] 진실하지는 않다."

17.

다시 묻는다 : "부처님께서 타심지(他心智)[377]를 얻고, 과거와

법이란 뜻.

375) 약위(若爲) : 어떻게. 어떠한가? 어찌 -할 수 있으랴? 어떻게 해야-?
376) 종사(縱使) : 비록 -이지만. 설사 -라 하더라도.
377) 타심지(他心智) : 소승(小乘) 10지(智)의 하나. 다른 이가 마음속으로 생각하는 것을 아는 지혜. 소승십지(小乘十智)란 ①세속지(世俗智). 세속의 일에 대하여

미래의 일들을 아시는 것 역시 진실하지 않을 수 있습니까?"

답한다 : "역시 진실하지 않다. 경전에서 말하기를 '보살에게는 미래와 과거와 현재가 없다.'378)고 하였는데, 어떻게 과거와 미래의 일들을 보겠는가?

부처님이 과거와 미래를 보고 타심지를 얻는다고 말하는 것은 불료의경(不了義經)379)의 말이다."

일어나는 지혜. ②법지(法智). 욕계(欲界)의 고(苦)·집(集)·멸(滅)·도(道)에 대하여 일어나는 지혜. ③유지(類智). 색계·무색계의 고·집·멸·도에 대하여 일어나는 지혜. ④고지(苦智). ⑤집지(集智). ⑥멸지(滅智). ⑦도지(道智). ⑧타심지(他心智). 남의 마음을 아는 지혜. 다만 하지(下智)의 타심지(他心智)는 상지(上智)를 알지 못하고, 열지(劣智)는 승지(勝智)를 가진 이의 마음을 알지 못하고 현재의 모든 법을 아나, 과거·미래의 모든 법을 알지 못함과 같이, 어떤 부분에만 유효(有效)한 지혜이고, 온갖 것에 효력을 내는 것은 아님. ⑨진지(盡智). 일체 번뇌를 다 끊었을 때 생기는 지혜. ⑩무생지(無生智). 승지이근(勝智利根)의 보살이 일으키는 지혜. 고(苦)를 알고 집(集)을 끊으며, 멸(滅)을 증득하려고 도(道)를 닦는 것을 마치고, 다시 지(知)·단(斷)·증(證)·수(修) 할 것이 없음을 자각하여, 자기에게 다시 지·단·증·수 할 것이 없음을 아는 지혜.

378) 『대반야바라밀다경(大般若波羅蜜多經)』 제59권 「초분찬대승품(初分讚大乘品) 제16-4」에 다음 구절이 나온다 : 보살은 오지도 않고 가지도 않고 또한 머물지도 않는다.(菩薩無來無去亦復不住)

379) 불료의경(不了義經) : 요(了)는 '끝까지'란 뜻. 불법의 이치를 다 말한 것이 요의(了義)이고, 끝까지 다 말하지 못하고 모자라는 것이 불료의(不了義). 요(了)·불료(不了)의 해석에 대하여는 그 경에 말한 이치가 진실하냐 아니냐에 대하여, 또 교리를 표시한 말이 완비하냐 아니냐에 대하여 판단한다. 의(義)는 의리(義理) 즉 도리(道理). 대승(大乘)에서 보면 궁극적 진리를 분명하게 말한 요의경(了義經)은 대승경전이고, 소승의 경전은 다 불료의경(不了義經)이다. 또 대승

18.

묻는다 : "여래장(如來藏)이 중생이라면, 어떻습니까?"

답한다 : "여래장이라는 것은 자신을 보는[380] 사람이 여래장이 있다고 말하는 것이다. 만약 자신을 보지 않는다면, 여래장이 있다고 말하지 않는다."

19.

다시 묻는다 : "여래장의 영역이 비로소 있다고 말한다면, 어떻습니까?"

답한다 : "사람이 자신을 진실하다고 본다면, 부모가 낳은 것이 있다고 말할 것이다. 만약 스스로 자신을 보지 않는다면, 또한 부모를 말할 수 없을 것이다.

부처님이 중생을 진실하다고 본다면, 여래장을 말씀하실 것이다. 중생의 뿌리는 모두 여래장이 지은 업(業)이고, 업을 짓기만 하면 과보를 받는다.

여래장을 말하는 것은 불료의(不了義)한 말이다.

경전과 소승경전 각각에서도 그 가운데 요의와 불료의를 나눈다.
380) 견신(見身) : 신견(身見)과 같음. 오온(五蘊)이 가(假)로 화합한 신체를 상일주재(常一主宰)하는 뜻이 있는 아(我)라 망집(妄執)하고, 또 아(我)에 속한 기구·권속 등을 나의 소유라고 여기는 잘못된 견해. 아견(我見)과 같음. 신(身)은 아(我)라는 뜻.

다시 여래장이 무아(無我)의 다른 이름임을 안다면, 역시 요의(了義)이다."

달마화상절관론(達摩和尙絕觀論) 1권
신사년(辛巳年) 삼월(三月) 육일(六日) 베껴 씀. 승(僧) 법성(法成).

緣門論一卷

□□□阿 志澄闍梨 各執一本校勘訖

1.

問曰: "人皆有心, 作何方便得無生心?"

答: "下中上修, 能見自心妄想, 知三界如幻實空, 始可得免."

2.

問曰: "一切眾生如幻如夢, 弟子煞之有罪不?"

答曰: "若見眾生是眾生, 煞之得罪, 不見眾生是眾生, 即無可煞. 如夢中煞人, 寤時畢竟無物."

3.

問: "云何入道?"

答: "心非有無, 何問入道? 欲得識入道者, 不出入心是也."

4.

問: "有人飲酒食〔宀/六〕, 行諸五欲, 得作佛法耶?"

答: "心尙不有, 誰作是非?"

5.

問: "何名佛法?"

答: "知心法無,[381] 即是佛法."

6.

問: "何名無分別智?"

答: "現識不生, 覺觀不起是."

7.

問: "何名妄想?"

答: "想念心是."

8.

問: "云何息妄想?"

答: "知妄想不生, 無妄可息. 知心無心, 無心可息是也."

9.

問: "何名如來藏?"

答: "覺知色塵是自心現, 想即不生故, 即是如來藏."

---

381) '知心法無'는 '知心無法'이어야 맞다.

10.

問: "世人修學, 得道不?"

答: "口說修道, 實行不可成. 世人皆初時有心, 久後卽慢. 故日: '實行者, 不可口說而得道也.' 又云: '兵怯不可擬敵, 馬劣不能代步.'"

11.

問: "云何無名相法?"

答: "心裡所求, 証無人我, 說卽假名, 言卽假相, 見聞知覺, 有何名相?"

12.

問: "作何行, 卽生無色界?"

答: "此人不知方法, 皆是息妄見心. 雖得心靜, 久後還發. 經云: '當來比丘, 如犬逐塊.' 人已擲塊, 犬不知塊從人起, 犬咬塊不咬其人. 若也咬人, 塊卽自息. 修道之人, 若了心量, 亦復如是."

13.

問: "佛度衆生盡, 然後成佛? 衆生未度, 佛已成佛?"

答: "佛自有解. 譬如有客坐在闇室, 主人吹火意欲照客, 但火著時主人先照. 菩薩意度衆生然, 功德具足在前成佛."

14.

問: "衆生本法如何?"

答:"無佛無衆生, 不見人我相, 即是本法. (觀行法爲有緣, 無名上士集) 譬如礦中, 雖有其金, 若不施功, 終不可得, 用功之者, 乃獲金矣. 心亦如是, 雖知本來常寂, 若不觀察, 不得定也. 是勸諸學者, 一切時處, 恆向內照, 物得捉之捨. 若人求道不習此, 千劫萬劫枉功夫, 徒自疲勞忍辛苦, 究竟不免墮三塗. 譬如求蘇鑽搖水, 力盡不獲寔由愚. 智者求心不求佛, 了本心源即無餘, 亦如求蘇鑽乳濃, 不費其功疾成蘇."

15.

問曰:"諸佛聖人說, 青黃赤白觀法, 何意?"

答曰:"正約衆生使住. 此是住心法, 亦合人識知所見皆不實. 若爲知? 一切物上, 或見青或見黃, 即一切所見皆無實. 如今人將放光明作聖, 大誤也."

16.

問曰:"作觀亦知過去未來, 若爲?"

答曰:"由心靜知, 縱使知亦是不實."

17.

又問:"佛得他心智, 知過去未來等事, 亦可是不實?"

答曰:"亦不是實. 經云:'菩薩無來去今.'云何見過去未來等事? 說佛見過去未來得他心智, 是不了經說."

18.

問曰:"如來藏是衆生, 云何?"

答曰:"如來藏者, 爲見身人, 說有如來藏. 若不見身者, 卽不說有如來藏."

19.

又問:"如來藏量說始有, 若爲?"

答曰:"人見身實者, 卽說有父母所生. 若不自見身, 亦不得論父母. 佛就衆生見實, 卽說如來藏. 衆生根本皆如來藏造業, 但造業卽受報. 說如來藏者, 是不了教說. 又知如來藏是無我之異名, 亦是盡義也."

達摩和尚絕觀論一卷

辛巳年三月六日寫記 僧法成

안심법문
安 心 法 門

달마대사 안심법문

소실육문(少室六門) 제4문 안심법문(安心法門)
『종경록』과 『정법안장』에 실려 있음

1.

어리석을 때는 사람이 법을 따르고, 깨달은 때는 법이 사람을 따른다.

깨달으면 의식이 경계를 거두어들이고, 어리석으면 경계가 의식을 거두어들인다.

마음이 있어서 분별하고 헤아리기만 하면, 자신(自身)에게 나타나는[382] 것이 모두 꿈이다.

---

382) 현량(現量) : 인명(因明) 3량인 현량(現量)·비량(比量)·비량(非量)의 하나. 심식(心識) 3량의 하나. 드러난 그대로 아는 것. 비판하고 분별함을 떠나서 경계의 사상(事象)을 그대로 각지(覺知)하는 것. 예를 들면, 맑은 거울이 어떤 형상이든 그대로 비추듯, 꽃은 꽃으로 보고, 노래는 노래로 듣고, 냄새는 냄새로 맡고, 매운 것은 매운 대로 맛보고, 굳은 것은 굳은 대로 느껴서, 조금도 분별하고 미루어 구하는 생각이 없는 것.

만약 의식과 마음이 고요히 소멸하여 생각 한 번 움직일 곳조차 없다면, 이를 일러 바른 깨달음이라 한다.

2.
질문 : "무엇을 일러 자기 마음이 드러난다고 합니까?"
대답 : "모든 법이 있다고 본다면, 있는 것이 스스로 있는 것이 아니라 자기 마음이 헤아려서 있는 것이다.

모든 법이 없다고 본다면, 없는 것이 스스로 없는 것이 아니라 자기 마음이 헤아려서 없는 것이다.

나아가 모든 법의 경우에도 이와 마찬가지로 모두 자기 마음이 헤아려서 있고 자기 마음이 헤아려서 없다.

또 만약 사람이 모든 죄를 짓는다 해도, 스스로 자기의 법왕(法王)[383]을 보면 곧 해탈을 얻는다.

만약 사실(事實) 위에서 깨닫는다면 기력(氣力)이 건장할 것이고,

사실 속에서 법을 본다면 곳곳에서 망상(妄想)에 빠지지[384] 않을 것이지만, 문자를 따라 이해한다면 힘이 약할 것이다.

사실을 대하는 것이 곧 법을 대하는 것이라면, 그대의 여러 가

---

383) 법왕(法王) : 부처님은 법에 있어서 자재하고 법을 자유로이 지배하며 부려서 삼계(三界)의 위대한 스승이 되기 때문에, 법왕이라 한다. 곧 자기의 본래면목(本來面目)을 가리킴.
384) 실념(失念) : 망념(妄念)에 빠지다. 망상(妄想)에 빠지다. 잘못된 생각에 빠지다.

지 행위로 말미암아 뜨고 자빠지고 하는 일이 전부 법계에서 빠져나가는 것도 아니고 또한 법계 속으로 들어가는 것도 아니다.

만약 법계를 가지고 법계 속으로 들어간다면, 어리석은 사람이다.

무릇 모든 행위는 결코 법계의 마음을 벗어나지 않는다.

무슨 까닭인가?

마음의 본바탕이 곧 법계이기 때문이다.

3.

질문 : "세상 사람들이 여러 가지 학문(學問)을 하는데, 어찌하여 도(道)를 얻지는 못합니까?"

대답 : "자기(自己)를 보기 때문에 도를 얻지 못한다.

자기라는 것은 나(아(我))이다.

도인(道人)은 고통을 만나도 근심하지 않고 즐거움을 만나도 기뻐하지 않으니, 자기를 보지 않기 때문이다. 그러므로 고통과 즐거움을 알지 못하는 것은 자기가 없기 때문이다.

허무(虛無)에 이르면 자기조차도 없는데, 다시 무슨 물건이 있어서 없지 않겠느냐?"

4.

질문 : "모든 법이 이미 공(空)이라면, 누가 도(道)를 닦습니까?"

대답 : "누군가가 있다면 도를 닦아야 하지만, 아무도 없다면 도를 닦을 필요가 없다.

누군가라는 것도 역시 나(아(我))이다.

만약 나가 없다면, 사물을 만나도 옳으니 그르니 하는 시비(是非)를 일으키지 않는다.

옳다는 것은 나 스스로가 옳은 것이지, 사물이 옳은 것이 아니다.

그르다는 것은 나 스스로가 그른 것이지, 사물이 그른 것이 아니다.

마음을 만나 마음이 없다면 불도(佛道)에 통달(通達)한 것이다.

사물을 만나 견해를 일으키지 않는 것을 일러 도에 통달했다고 한다.

사물을 만나 곧장 도에 통달하여 그 근원을 알면, 이 사람은 지혜의 눈이 열린 것이다.

지혜로운 사람은 사물을 따르고[385] 자기를 따르지 않으니, 취하거나 버리거나 어긋나거나 알맞음이 없다.

어리석은 사람은 자기를 따르고 사물을 따르지 않으니, 취하거나 버리거나 어긋나거나 알맞음이 있다.

한 물건도 보지 않는 것을 일러 도를 본다고 하고, 한 물건도 행하지 않는 것을 일러 도를 행한다고 한다.

모든 곳에서 머묾이 없고 머물더라도 법(法)을 만들지 않는다면, 부처를 보는 것이다.

만약 모습을 볼 때라면, 모든 곳에서 귀신을 본다.

---

385) 임(任) : 따르다. 의지하다.

모습을 취하기 때문에 지옥에 떨어지고, 법을 보기 때문에 해탈을 얻는다.

만약 생각하고 분별함[386]을 본다면, 끓는 기름솥과 불타는 숯 등의 일을 받아들일 것이니 생사윤회하는 모습을 당장 볼[387] 것이다.

만약 법계의 본성을 본다면, 열반의 본성을 만날 것이다.

생각하고 분별함이 없다면, 곧 법계의 본성이다.

마음은 색(色)이 아닌 까닭에 있는 것이 아니지만 사용해도 없어지지 않기 때문에 없는 것이 아니며, 사용해도 늘 공(空)이기 때문에 있는 것이 아니지만 공(空)이면서도 늘 사용하기 때문에 없는 것이 아니다."

5.

이어서 게송을 말했다.

"마음이여! 마음이여! 마음이여!
찾기가 매우 어렵구나.
넓을 때는 법계에 두루하고
좁을 때는 바늘로 찌를 틈조차 없구나.

---

386) 억상분별(憶相分別) : 이것저것 생각함. 생각하고 분별함.
387) 현견(現見) : ①직접 보다. 현재 보는 것. 현량(現量)의 특징 중 하나. ②경험하는 바. ③감각적 지각. ④현재 앞에 드러나 있음.

악(惡)을 보지 않고도 싫어하고

선(善)을 보지 않고도 부지런히 힘쓰고

지혜를 버리지 않고도 어리석음에 가깝고

미혹함을 품고 있지 않고388) 깨달음으로 나아간다네.

대도(大道)에 통달함이여, 한량(限量)을 넘어섰구나.

불심(佛心)에 통달함이여, 한도(限度)를 벗어났구나.

범부·성인과 함께 걷지 않고

초연(超然)함을 이름하여 조사(祖師)라고 한다."

안심법문 끝.

---

388) 여기의 포(抱)는 품을 포(抱)보다는 버릴 포(抛)가 더 문맥에 알맞다. 아래의 "범부·성인과 함께 걷지 않고 초연(超然)함을 이름하여 조사(祖師)라고 한다."라는 구절을 고려해 본다면, 미혹함을 버리지 않고 깨달음으로 나아간다는 말이 보다 여법하다.

第四門安心法門(宗鏡及正法眼藏載之)

1.

迷時人逐法, 解時法逐人. 解則識攝色, 迷則色攝識. 但有心分別計較, 自身現量者悉皆是夢. 若識心寂滅無一動念處, 是名正覺.

2.

問: "云何自心現量?"

答: "見一切法有, 有自不有, 自心計作有. 見一切法無, 無自不無, 自心計作無. 乃至一切法亦如是, 並是自心計作有, 自心計作無. 又若人造一切罪, 自見己之法王, 即得解脫. 若從事上得解者, 氣力壯, 從事中見法者, 即處處不失念, 從文字解者, 氣力弱. 即事即法者, 深從汝種種運爲, 跳踉顚蹶, 悉不出法界, 亦不入法界. 若以法界入法界, 即是癡人. 凡有所施爲, 終不出法界心. 何以故? 心體是法界故.

3.

問："世間人種種學問，云何不得道？"

答："由見己故，不得道。己者，我也。至人逢苦不憂，遇樂不喜，由不見己故。所以不知苦樂者，由亡己故。得至虛無，己自尚亡，更有何物而不亡也？"

4.

問："諸法既空，阿誰修道？"

答："有阿誰，須修道，若無阿誰，即不須修道。阿誰者，亦我也。若無我者，逢物不生是非。是者我自是，而物非是也。非者我自非，而物非非也。即心無心，是爲通達佛道。即物不起見，名爲達道。逢物直達，知其本源，此人慧眼開。智者任物不任己，即無取捨違順。愚者任己不任物，即有取捨違順。不見一物，名爲見道，不行一物，名爲行道。即一切處無處，即作處無作法，即是見佛。若見相時，即一切處見鬼。取相故墮地獄，觀法故得解脫。若見憶相分別，即受鑊湯爐炭等事，現見生死相。若見法界性，即涅槃性，無憶想分別，即是法界性。心是非色故非有，用而不廢故非無，用而常空故非有，空而常用故非無。"

5.

即說頌曰：

心心心！

難可尋.

寬時遍法界,

窄也不容針.

亦不睹惡而生嫌,

亦不觀善而勤措,

亦不捨智而近愚,

亦不抱迷而就悟.

達大道兮過量.

通佛心兮出度.

不與凡聖同躔,

超然名之曰祖.

安心法門終

달마어록達摩語錄

초판 1쇄 발행일 2012년 11월 22일
　　3쇄 발행일 2021년 10월 28일

역주 김태완

펴낸이 김윤
펴낸곳 침묵의 향기
출판등록 2000년 8월 30일, 제1-2836호
주소 10401 경기도 고양시 일산동구 무궁화로 8-28,
　　　삼성메르헨하우스 913호
전화 031) 905-9425
팩스 031) 629-5429
전자우편 chimmukbooks@naver.com
블로그 http://blog.naver.com/chimmukbooks

ISBN 978-89-89590-31-6 03220

＊ 책값은 뒤표지에 있습니다.